高校跨学科整合创新研究

秦芳彧　编著

北京航空航天大学出版社

内容简介

近年来，跨学科研究已成为应对复杂挑战和推动知识创新的核心路径，但高校跨学科整合创新研究的系统性和全面性仍较缺乏。本书介绍了跨学科概念和组织结构，跨学科整合创新的绩效评价、耦合协同、知识溢出、平台建设及高校跨学科建设案例分析、思政教一体化跨学科建设等方面，并给出跨学科建设的措施与建议，对于完善高校跨学科整合创新的理论体系、扩充其实践经验具有重要意义。

本书适合相关方向研究的教师或研究生参考。

图书在版编目(CIP)数据

高校跨学科整合创新研究 / 秦芳彧编著. -- 北京 ：北京航空航天大学出版社，2025. 7. -- ISBN 978 - 7 - 5124 - 4772 - 1

Ⅰ. G644

中国国家版本馆 CIP 数据核字第 2025KT5985 号

高校跨学科整合创新研究

秦芳彧　编著

责任编辑　杨晓方

*

北京航空航天大学出版社出版发行

北京市海淀区学院路 37 号(邮编 100191)　http://www.buaapress.com.cn

发行部电话：(010)82317024　传真：(010)82328026

读者信箱：emsbook@buaacm.com.cn　邮购电话：(010)82316936

北京建宏印刷有限公司印装　各地书店经销

*

开本：710×1 000　1/16　印张：9.75　字数：208 千字

2025 年 9 月第 1 版　2025 年 9 月第 1 次印刷

ISBN 978 - 7 - 5124 - 4772 - 1　定价：59.00 元

前　　言

人类赖以生存的自然环境和社会环境十分复杂，当传统学科研究受限，单一学科视角难以应对复杂现实问题时，只有通过跨学科资源整合与协同创新，实现知识、技术、方法等的相互渗透与融合，才能促进新知识、新技术的产生，推动科学发展和技术创新。另一方面，当今数字技术（如人工智能、大数据等）突破学科边界，催生新兴领域（如计算社会学、生物信息学等）技术的交叉，进一步推动了跨学科整合创新。

加强基础学科、新兴学科、交叉学科建设，加快建设中国特色、世界一流的大学和优势学科及高水平研究型大学要发挥基础研究深厚、跨学科融合的优势，已成为基础研究的主力军和重大科技突破的生力军。近年来，各部委发布相关管理办法，支持并推动跨学科整合，同时多所世界顶尖大学提供了诸多通过推动跨学科研究促进创新经济发展的经验。高校开展跨学科研究是突破基础科学的前沿难题、攻克“卡脖子”的关键是支撑国家自立自强的重要路径。研究高校跨学科的整合创新具有重要研究意义和实践价值。

本书在当代跨学科研究飞速发展并且已成为应对复杂挑战和推动知识创新的核心路径的背景下，基于跨学科概念、演进、特点和组织类型的梳理，从多个维度和多个层次探讨高校跨学科整合创新问题；设计跨学科整合创新的绩效评价体系，构建跨学科耦合协调度的测算模型，对跨学科知识溢出效应进行量化分析，研究跨学科整合创新平台的运行框架及机制，总结国内外跨学科团队案例、产学研一体化案例和跨学科典型教学案例经验、构建思想政治教育一体化跨学科评价体系并给出建设建议，最后给出跨学科整合创新的改进措施和建议。

本书通过阐述高校跨学科整合创新的理论与实践，致力于成为高校管理者、教育研究者与政策制定者的跨学科整合创新指南，希望本书抛砖引玉、搭石建桥，对推动高校跨学科整合创新实践的发展发挥积极作用。

最后，谨向成书过程中所有给予我支持和启发的人表示衷心感谢，感谢家人给予我的无条件支持和鼓励。感谢白萧眉、高传君、李洁琼等对本书完成过程中给予的帮助与启发。感谢 2022 年度辽宁省教育厅基本科研面上项目“高校异质性科研团队知识整合与协同创新研究”和北京市委教育工委、市教委学校思想政治工作中心支持项目“大中小学思想政治教育一体化评价体系与激励措施”（立项编号：LJKMR20220431）的资助。

编者

2025 年 7 月

目　　录

第 1 章　绪　论 …… 1

1.1　研究背景与意义 …… 1

1.1.1　研究背景 …… 1

1.1.2　研究意义 …… 3

1.2　概念综述与特征 …… 5

1.2.1　概念与演进 …… 5

1.2.2　跨学科特征 …… 13

第 2 章　跨学科发展机制与结构体系 …… 20

2.1　引　言 …… 20

2.2　跨学科架构体系 …… 22

2.2.1　知识整合作用 …… 22

2.2.2　结构要素 …… 22

2.3　跨学科组织类型 …… 25

2.3.1　项目型组织 …… 25

2.3.2　集成型组织 …… 27

2.3.3　产学研型组织 …… 28

2.4　小　结 …… 30

第 3 章　跨学科整合创新绩效评价 …… 32

3.1　引　言 …… 32

3.2　设计原则与指标构建 …… 33

3.2.1　评价体系设计原则 …… 33

3.2.2　评价指标构建 …… 34

3.3　绩效评价与分析 …… 39

3.3.1　构建层次模型与权重设置 …… 39

3.3.2　跨学科绩效评价 …… 40

3.4　小　结 …… 42

第 4 章　跨学科整合创新耦合协同度 …… 44

4.1　引　言 …… 44
4.2　跨学科度的度量方法 …… 45
4.3　跨学科耦合协同度测量 …… 47
4.3.1　指标体系构建 …… 47
4.3.2　耦合协调度测算 …… 49
4.3.3　耦合协调度对高校整合创新能力的影响 …… 51
4.4　小　结 …… 53

第 5 章　跨学科知识溢出效应 …… 55

5.1　引　言 …… 55
5.2　跨学科知识溢出的生命周期过程 …… 56
5.3　跨学科知识溢出分析 …… 58
5.3.1　理论分析与模型构建 …… 58
5.3.2　实证分析 …… 63
5.4　小　结 …… 66

第 6 章　跨学科整合创新平台建设 …… 69

6.1　引　言 …… 69
6.2　平台建设的意义 …… 70
6.3　平台运行框架与功能 …… 71
6.3.1　平台运行框架 …… 72
6.3.2　网络平台的主要功能 …… 72
6.4　中国科技资源网的运行机制 …… 75
6.5　平台典型服务案例 …… 79
6.6　小　结 …… 81

第 7 章　跨学科建设案例分析 …… 82

7.1　引　言 …… 82
7.2　跨学科科研案例分析 …… 83
7.2.1　清华大学跨学科科研团队 …… 83
7.2.2　北京大学跨学科科研团队 …… 84
7.2.3　复旦大学跨学科科研团队 …… 86
7.2.4　同济大学跨学科科研团队 …… 87
7.2.5　北京航空航天大学跨学科科研团队 …… 88

7.3 跨学科产学研案例分析 …… 89
7.3.1 美国斯坦福大学案例 …… 89
7.3.2 德国慕尼黑大学案例 …… 90
7.3.3 国内高校案例 …… 92
7.4 跨学科教育案例分析 …… 96
8.4.1 厦门大学实验中心案例 …… 96
7.4.2 北京邮电大学案例 …… 98
7.4.3 南京师范大学案例 …… 99
7.5 小 结 …… 101

第 8 章 思政教一体化跨学科建设与评价 …… 104

8.1 引 言 …… 104
8.2 思想政治教育一体化的各阶段目标和现存问题 …… 105
8.3 思政教一体化建设评价 …… 107
8.3.1 思想政治教育一体化建设评价体系现状 …… 107
8.3.2 思想政治教育一体化评价体系构建原则 …… 108
8.3.3 思想政治教育一体化指标体系构建 …… 109
8.3.4 评价体系特点 …… 114
8.4 思政教一体化建设实践 …… 116
8.4.1 教学目标 …… 116
8.4.2 教学设计 …… 117
8.4.3 案例分析 …… 120
8.5 小 结 …… 123

第 9 章 跨学科建设存在的问题及改进措施 …… 128

9.1 引 言 …… 128
9.2 跨学科建设的困境 …… 129
9.3 跨学科建设的激励机制 …… 134
9.4 跨学科建设建议 …… 136

参考文献 …… 145

第1章 绪 论

1.1 研究背景与意义

1.1.1 研究背景

人类赖以生存的自然环境和社会环境十分复杂。如果人类仅从某一方面进行研究,则很难全面揭示其运行规律,只有通过跨学科资源整合与协同创新,才能从多方面揭示相应发展规律,并形成系统的认识。德国物理学家麦克斯·普朗克指出,科学具有内在的整体性,已有单独学科不是来源于事物的本质,而是取决于人类认识能力的局限性。现实生活中存在从物理学到化学,并通过生物学和人类学最后传递到社会科学的学科链条,链条任何一处都不能被打断。跨学科综合了不同学科的学术思维,能够辨证地分析问题,是孕育新知识新学科的摇篮与动力源。

近代科学发展,特别是科学上的重大发现,国计民生中的重大社会问题的解决等,常常涉及不同学科之间的相互交叉和相互渗透,跨学科的资源整合与协同创新发展趋势是信息化和数字化时代发展的迫切需要。跨学科是指不同学科之间相互交叉、融合、渗透而出现的新兴学科。与传统学科相比,跨学科具有突出的优势,中国社会科学院金吾伦研究员把它归纳为三个方面:跨学科整合了不同学科的范式,推动了以往被专业学科所忽视领域的研究,打破了专业化的垄断现象;增加了各学科之间的交流,形成了许多新的学科;跨学科创造了以"问题解决"研究为中心的研究模式,推动了许多重要实践问题的解决。

当今社会科学技术飞速发展,不同学科相互影响产生出许多跨学科研究领域,如生物医学、计量经济学、生物数学、环境伦理学等。这些跨学科现已成为学科的前沿领域。目前,跨学科数量占已有学科数量比重已经接近五成,跨学科展现出良好的发展势头和巨大的增长潜力。

特别在高等教育领域,高等学校创新能力提升计划与"双一流"建设决策的出台,为加强高校科技创新管理、优化高校科研团队建设提出更高的目标。建设世界一流大学和一流学科,是党中央、国务院作出的重大战略决策,也是中国高等教育领域继"211 工程""985 工程"之后的又一国家战略,其中大力推进科研组织模式创新、开展协同创新、优化资源配置等要求对优化高校科研团队管理提出更明确的方向。对于高校或科研机构,组织创新和体制变革都已成为其适应时代要求,应对科研项目挑战,提升科研效率的重点关注内容。而高校创新型科研团队,作为适应时代要求、具有创新性和灵活性的有效组织形式,理应受到更多关注而进行更深入的研究。

目前各学科理论基础、研究对象、研究方法等本身存在不同，加之各学科领域划分精准化、专业化、差异化及复杂化特点，使得学科间越来越细化分离，不同学科知识、技术、人才资源独立，造成对复杂问题的科学研究缺乏整体性及多元化的视角，缺乏系统、全面、高效的协同创新机制，高质量跨学科合作创新难以开展，各学科原有学术瓶颈难以突破。

党中央提出要充分发挥新型举国体制优势，加快推进高水平科技自立自强。要加强国家战略科技力量建设，优化定位和布局，完善国家实验体系，增强国家创新体系一体化；加强基础学科、新兴学科、交叉学科建设，加快建设中国特色、世界一流的大学和优势学科；指出高水平研究型大学要发挥基础研究深厚、跨学科融合的优势，成为基础研究的主力军和重大科技突破的生力军。各部委发布相关管理办法，支持并推动跨学科整合，多所世界顶尖大学提供了诸多通过推动跨学科研究促进创新经济发展的经验。跨学科研究是突破基础科学的前沿难题、攻克"卡脖子"的关键技术，也是支撑国家自立自强的重要路径。

跨学科整合也是跨学科性的另外一种表达方式，是培养科技创新人才的摇篮。一名合格的拔尖创新人员需要具备创造性思维、敏锐的洞察力、丰富的创新知识，文科和理科互相渗透，理科和工科互相结合有利于培养科技创新人才的观察能力、触类旁通能力。因而创新人员能够更好地掌握不同学科知识结构，开拓视野，形成创造性思维，进而提升创新能力。同时，跨学科整合也符合国家经济社会发展的强烈需求。首先，虽然全球各国都在向前发展，但是发展过程不可能一帆风顺，总要解决贫困、环境、能源等棘手难题。政府如果采用单一学科进行研究将无法解决这些难题，人们只能转向跨学科寻求解决方案。其次，一个国家的政治经济发展战略以及政策制定不能过于依赖过去的经验以及相对单一的知识，盲目武断的决策大概率会引发意想不到的恶劣后果。因此，政府需要运用多门学科协同工作以整合成一个综合性技术体系，通过系统评估来做出重大决策。跨学科整合创新能够促进文化传承，现代中国学科存在"文化割据"现象，该现象会制约文化的传承。当然跨学科整合是一个动态过程，跨学科的前沿领域要首先进行互相融合协同，最终才能达到创新输出的价值。学科之间的整合不仅仅是学术思想的融合，也是辩证思维的体现，跨学科整合后产生的新思想能够促进文化的创新，可使现有文化经久流传。

因此，如何实现跨学科及其研究主体之间的优质知识资源整合、如何构建新型跨学科知识共享与创新平台，从而提升不同学科知识交叉融合效率和资源共享效率，提高跨学科协同创新能力并推动自主创新产出成果，成为实现中国式现代化背景下的迫切需要，也是本书要解决的关键问题。因此，本书的研究具有重要的学术价值和现实意义。书中通过对所选典型案例与资料数据的研究，不仅为后续的政策制定与管理制度的决策提供政策依据与决策参考，同时还可提供具有全局性、战略性、前瞻性、针对性、时效性及推广应用价值。

1.1.2 研究意义

科学的产生是由于人们发现了问题，研究一类问题的理论方法和体制发展成熟到一定阶段，才逐渐形成了相关的学科。这些学科具有规范的知识体系，不但有相对独立的学科体制，还有较为成熟的研究方法和较为固定的研究内容。随着学科的不断发展，在学科的边缘甚至内部地带存在着单一学科不能解决的复杂问题，对这些问题的认识和研究需要借助相邻的学科，这种由科学本身自生出的动力便促进了跨学科的发展。这种动力使学科发生交叉与融合，打破了原有的方法和体制的界限，一个新的学科就此孵化，或者由潜学科逐渐演变为显学科。

当社会经济发展到一定时期，社会科学、生命科学、机电工程、物理化学等各个领域的问题变得越来越复杂，问题间的内部联系更为盘根错节，每类问题得出的不同视角的结论似乎都有新的发现，但又难以集结为系统的依据，这样的情形正是产生新的交叉学科的动力，从而在交叉学科内重新规划、完善方法、系统思考，发现解决问题的理论和方法。这就是说，只要社会发展不停，就会有产生跨学科研究的需求，跨学科研究应运而生。跨学科研究能在处理各种问题的过程中顺带产生原创性的研究成果，这一特性使得跨学科成为整合创新生产新成果、新知识的重要渠道，其意义与价值如下：

1. 提供整合新思想和研究新方法以提升创新产出绩效

跨学科的创新思维是其重要的变革力量。跨学科研究人员具有本学科的知识储备，通过交叉协同能够丰富自身的人力资本从而能够带来学科的创新，但是前提条件是研究人员能够用开放且创新的思维来突破传统学科的既有研究束缚。传统学科已经在成立的多年里建立专属的研究体系和范式。传统学科研究人员都会遵循学科里固有的概念、公式、定理等进行研究。因此，传统学科人员在划定研究范围，制定研究范式时也同时禁锢了学科的研究思维和缩小了学科的研究视野。有学者认为，不同学科的研究对象、研究方法以及表达方式均有不同，不同学科内部逐渐建立起适合自身的学科规范和标准，造成了学科之间的隔阂与封闭。已有科研经验表明，单一学科背景研究人员研究问题具有一定的局限性。当研究人员摆脱已有思维束缚，从多个角度去审视事物时，就有可能出现差异、矛盾以及冲突。当研究人员正确看待这些差异、矛盾和冲突时，可能会获取意外的真知灼见。

从该角度看，跨学科具有方法论价值。Frank Moss 曾指出，现实世界存在着海量多维度的复杂难题，研究人员需要突破传统学科研究束缚来研究并处理这些问题，实际的科研活动就是在不停地打破学科传统来取得科学进步。如果科研人员一直在自已熟悉的学科领域进行学术科研积累，他将极小概率取得重大的原创科研成果，更有甚者，科研人员会逐步地落后于其他人，最终被淘汰。跨学科研究人员应用多学科研究视角多维度研究某一问题，研究过程中多门学科的学术理念交流碰撞，不仅帮助研究人员以多种认识形式展现问题解决思路，而且容易引发新的解决问题的灵感以及学术思想，能够更好地打破已有学科研究框架，突破传统的思维认知，最好的结果是发现更多的前沿科学问题，孵化更多的跨学科，以推动人类科学进步与整合创新。

纵览历史，许多重大科学突破都是源于跨学科整合。德国物理学家 Werner Heisenberg 指出，在人类思想史上，最具重要意义的研究成果往往出现在不同思维路线的交汇处。正如诺贝尔基金会主席在 1986 年诺贝尔奖颁奖致辞中指出，近几年获奖者已经开始突破物理学和化学之间已有的科学边界。物理学与化学不是泾渭分明，它们不仅相互交叉，而且形成了没有明显界限的缓冲区。生物学和医学之间也存在类似情况，例如发现 DNA 双螺旋结构。该成果由化学家 Linus Pauling，生物学家 James Watson，物理学家 Francis Crick、Rosalind Franklin 和 Maurice Wilkins 等共同发现。他们在同一时间投身于遗传基因分子结构研究。他们采用化学中分子结合键概念以及物理学中的 X 光分析方法分析 DNA 结构，最终发现 DNA 双螺旋模型。他们取得重要成功的原因在于不同学科背景的研究人员能在一个宽松的环境里共同研究某一难题。科学成果很难靠个人获取，必须依靠团队共同合作获取。近 25 年来，近半数诺贝尔奖成果基于跨学科融合，跨学科融合成为当前科学技术发展的重要特征。并且，21 世纪的所有诺贝尔自然科学奖数量中，跨学科成果数量占总成果数量比例已经从最初的 20%增长至约 50%。由此可知，研究人员将某一学科的思维方式和分析方法应用到另一学科的前沿，就有可能产生重大创新成果。跨学科已经成为解决科学前沿问题的重要渠道，通过跨学科的资源整合与协同共享，从而促进各行各业产出的创新绩效。

2. 解决复杂问题和生产创新知识以带动经济协调发展

人类进行科学研究都是为了解决科学问题。当今社会科学问题变得越来越复杂，解决这些问题单一学科远远不够。这就引申出了问题研究的跨学科特点。研究人员在进行科学研究时遇到的科学问题可以划分为传统学科内部问题、确定的多学科问题以及不确定的多学科问题三类，划分依据就是看科学问题涉及的学科种类，该标准可以视为学术策略而不是行为策略。其中第三类不确定的多学科问题是在人类发展进程中不断出现的，研究人员遇到一个科研问题时需要用技术角度快速判定属于哪一种类，即使属于第一类，也需要借鉴其他学科基本理论和分析方法进行解决。总之，人类科学发展进程中所要研究解决的科学问题大都具有跨学科的特征。

研究人员在解决复杂的科学技术问题或者社会现实问题时，往往会衍生出一系列高难度的新问题(理论、技术等)，然而单一学科无法解决这些难题。他们认为产生这些现象的原因在于学科的孤立划分与客观世界本身各部分彼此密切联系相互矛盾。研究人员将这种跨学科合作表达为“综观”。其中，不断互动的“综观”即为认识论最理想的状态。这还与研究整体性息息相关。Max Plank 认为，科学是内在的统一体，科学在当前的科研环境下被分割为各种单独的学科门类受限于人类的认知，而不是因为事物的本质。换言之,任何知识体系都不是信息孤岛,都会与其他知识体系有或多或少的联系。因此,不同知识体系之间没有传统学科制度层面的研究界限。这从客观上要求研究人员树立整体观念,不仅关注某个小问题或大问题中某个子问题的研究,而且要关注不同小问题或大问题中各个子问题之间整体性的系统研究。进一步地,科研人员可进行多学科视角下的多维网络研究。例如,知名的跨学科人工智能在当今社会中发展如火如荼,已经引发新一轮科技革命。随着科学技术日益向前发展,学科之间的交叉研究特征会更加突出,留下了光辉的时代烙印,如果科研部门不将跨学科研究列入重要战略地位,则是从根源上扑灭了学科创新的火苗,科研创新的生命力就会慢慢衰退。跨学科主要采用重组或者重塑原有学科知识体系的模式助力科技创新和学术发展,是一种符合时代发展特征的新型原创知识生产方式。美国创新大师 Michel Foucault 认为,创新就是不断挑战和突破固有学科体制。正是得益于跨学科,美国不断产出创新成果,成为 20 世纪最具创新力的国家。美国知名教育学家、芝加哥大学首任校长 William Harper 同意 Michel Foucault 的观点,认为美国是最适合进行跨学科研究的国家。跨学科整合符合国家重大战略需求,能不断催生新的学科前沿、新的科技领域和新的创新形态。

需要单独指出的是,跨学科既没有否认知识学科化给知识带来快速进步,也没有判定知识学科化丧失了创新能力。某传统单一学科学原理分析方法应用于其他学科有极大可能开发出新的研究方向,进而孵化出更多原创知识、方法与技术。我国自然科学和社会科学面临的复杂问题亟需研究人员应用多学科视角进行解决。跨学科不仅能够给出解决方案,而且能够指出新的发展方向,带动宏观经济的协调可持续发展。

1.2 概念综述与特征

1.2.1 概念与演进

1. 跨学科的概念界定

跨学科(Interdisciplinary)是把来自两个以上学科或专业知识领域的信息、数据、技能、工具、观点、概念和理论综合起来,以加深基本认识或解决单一学科无法处理的问题的一种研究模式。跨学科创新是来自多个学科的创新主体通过不同学科的知识应用、知识互补、借鉴、启发、冲突、融合进行创新的过程。

跨学科整合创新是把将跨学科解释为不同学科的科研人员以问题为导向,通过多种形式的协同开展创新研究工作,在知识共享和融合的过程中,提出有别于常规或常人思路的见解,而后利用现有的知识和物质,在特定的环境中,本着理想化需要或为满足社会需求,从而改进或创造新的事物,包括但不限于各种产品、方法、元素、路径、环境等,并能获得一定有益效果的行为。

根据 Stoic philosopher Epictetus 提出的理论，我们可以发现该学者首先将“学科”一词及其衍生词赋予了一定的研究意义，其中包含跨学科以及跨学科整合等非常具有研究价值的衍生词。关于“跨学科”等词中所使用的“学科”一词，其意义主要表现为知识、指导、学习、教学或教育的一个分支，所以学科作为一套可以教授和学习的知识或技能，这种用法早在5世纪就已经在马提亚努斯·卡佩拉的研究中出现。目前，学术界对跨学科以及跨学科整合的基本概念还未完全达成一致，主要表现为与跨学科以及跨学科整合相关的概念没有得到具体的区分，而对跨学科/跨学科整合等概念定义不清晰的情况下就不利于对该研究进行深入挖掘，因此首先应对跨学科/跨学科整合及其相关概念进行了综合详细梳理。

1926年，美国哥伦比亚大学世界著名心理学家伍德沃斯(R. S. Woodworth)于美国社会科学研究理事会(Social Science Research Coucil)，首次提出“跨学科(Interdisciplinary)”一词。20世纪20年代美国社会科学研究理事会(SSRC)成立，这是一个独立的国际性非营利组织，宗旨为鼓励创新研究、培育训练新时代的社会科学家，以及征集有关重要公共议题的必要知识等。该学会对于社会科学领域有很大的贡献，不仅在该领域中创造了许多新的知识，并且能够结合不同门类的两个及以上学科的合作实践进行跨学科交流，衍生出新的研究学科。例如，20世纪60年代社会学语言的出现得益于跨学科交流，在之后的跨学科发展中，除科学领域产生跨学科交流外教育领域同样也产生学科间合作；1972年，经济合作与发展组织(OECD)的教育研究与创新中心(Centre for EducationalResearch and Innovation，CERI)组织了跨学科活动调研，并将其调研成果汇编为《跨学科：高校教学与研究中的问题》一书，汇集了关于“跨学科”的各种定义，最终形成的概念为两个及以上不同学科之间的相互联系，包括不同学科之间思想的交流，学科领域与研究范围的概念、理论研究、方法论、学科术语、数据以及科研组织等的相互联系。据相关学者考证，1985年，在我国举办首届跨学科学术讨论会之前，“Interdisciplinary”一直被译为“跨学科”，而钱学森在会上发表了对跨学科的观点见解之后，“Interdisciplinary”一词不再局限于“跨学科”，还包含学科之间整合的意思，因此也可以称之为“跨学科性”或者“跨学科度”，事实上“跨学科性”就是研究跨学科整合程度的定性指标，而“跨学科度”就是度量科学性整合程度的定量指标。因为随着跨学科的很广泛发展，其开始渗透于各个不同的领域学科，得到了广大学者的重视并对其进行越来越深入的研究，因此，在随后的研究中不同学者对于跨学科的解读有着不尽相同的观点和看法，这些观点为跨学科未来的推进发展奠定了重要的基础。首先，许多学者的观点与 Woodworth 最初提出的跨学科/跨学科性概念有异曲同工之妙。例如一些学者同样认为跨学科主要是指某个学科在发展的过程中超越自身学科的边界而涉及两个及两个以上不同学科的实践活动。此外，有学者研究提出，跨学科/交叉学科是一个具体的过程，在此过程中能够提出问题处理问题最终解决问题，而不同之处在于该问题往往涉及面更广，复杂程度更深，其解决问题的能力远远超出任何一个单一学科或领域。即从某种程度上讲，跨学科是指超越某个单一学科的界限从而跨越到本学科之外的学科，即超越各个单一学科的学科。Bernard C. K. Choi 和 Anita W. P. Pak 对跨学科的使用做了详尽的文献研究，他们的研究表明，随着多学科相互交流融合，其能够充分吸收来自不同学科的知识，汲取精华为之所用，但又保持在各自的界限之内，这不仅能够使单一学科的独立性优势发挥到最大水平，并且其在本学科中的创新能力同样提升到最大程度，能够与其他各个学科的知识进行充分交流结合，并在此过程中使得跨学科知识之间产生超出单一学科知识之间的创新能力，进而能够使得跨学科之间协同创新发展，绩效协同提升。

因此，跨学科研究可以从多个学科的不同研究视角出发，充分发挥每个学科的优势，通过构建一个更加全面创新的视角来汇总不同学科的观点见解以此深入解决问题。从其词性角度分析，国外学者对于跨学科的文献研究中显示，大量学者通常将“Interdisciplinary Research”与“Interdisciplinary”二者混用进行研究，将二者的含义都表示为跨学科研究。而在部分国内学者的文献研究中，部分学者在进行相关研究时通常将“Interdisciplinary”直译为“跨学科性”的同时也将其表示为跨学科整合研究。也有学者认为在“Interdisciplinary”一词的不断演绎中其变成一门研究跨学科现象的学问，即跨学科学以及“跨学科性”，很多学者将“跨学科性”解读为“跨学科整合”，以此表示此学科是一门独立的学科。李江在其研究中认为，“Interdisciplinarity”作为“Interdisciplinary”一词的名词形式，将其直译为“跨学科性”更加贴切，但其不适合与“跨学科研究”一词进行混用，二者应区分研究，因此该学者将其重新定义为，跨学科研究中的某些具体的跨学科特征，例如各学科知识交叉产生不同的广度与深度，知识的跨学科分布性与扩散性也存在差异性特征等，但是更多学者也将跨学科性理解为跨学科整合度。由国内外文献综合调研可知，“Interdisciplinarity”一词的含义是具有多层次性的，首先是“跨学科”的含义，“Interdisciplinarity”在中文文献中通常译为“跨学科”，其与“跨学科研究 Interdisciplinary Research（IDR）”是互为等价的概念。

从跨学科的定义视角分析，美国国家科学院、医学研究所和中国工程院于 2004 年联合发布的题为 *Facilitating Interdisciplinary Science* 的报告中，专门给出关于“跨学科研究”的定义，该研究认为跨学科研究团队是由个人或团队形成的两个或两个以上的学科或者专业知识团体，将其丰富的概念、信息、理论、工具、方法、数据、观点等等统合起来，从根本上加深理解跨学科研究并且回答并解决超出单一学科范围或研究实践领域的问题。在此基础上有的学者进一步对跨学科的概念进行了梳理分析，有研究认为“跨学科研究（IDR）”是一种经由个人或者团队梳理研究的来自两个及两个以上的学科专业知识领域的概念、观点、理论、信息、材料、技巧、工具等，从而加强对超越单一学科界限或学科实践范围的问题的基础性理解或是为它们寻求解决之道。而 Repko 等相关学者采取了独特的研究视角，在研究跨学科的同时将其所研究的不同学科分别针对同一问题所产生的不同见解进行归纳整合，从而发现不同学科对同一问题所产生的不同观点，因此可以更好地拓展公众对跨学科的了解认知。在此基础上，部分学者认为跨学科属于科学知识创造活动的一种表现形式，其是在单一学科分化的基础上，由科研主体主动打破各学科边界，跨越不同学科的研究领域进行的创新活动，同时也是解决重大复杂社会问题重要的手段。与此同时，对于跨学科的研究主要是将不同学科领域的研究人员汇集组合共同创新研究，以此提高创新能力进而解决发展问题的一种方法。此外，有学者提出跨学科是将多个不同专业领域的理论、方法、数据以及工具等进行整合的复杂的过程，并在此过程中产生但不限于创新性研究问题的方法和解决问题的工具，因此通常被一些学者视为“变革”的代名词。跨学科的广义与狭义之分，李佳蕾等认为跨学科也可以进行广义和狭义之分，广义的“跨学科”属于综合性、概括性的概念，此种广泛性的概念是超学科、多学科等各种类型的跨学科活动的总称，属于第一个层次；而狭义的跨学科指多学科、超学科中的第二个层次，即关于各不同学科领域之间相互作用时产生更加综合性的尝试。虽然有很多学者认为有关“Interdisciplinarity”不同的名称之间存在差别，学者们对各类型跨学科概念的细微差别进行详细的论述，但在大多数文献中对此概念并无严格区分，研究普遍认为“Interdisciplinarity” 和“IDR”都被视为广义视角上的“跨学科/跨学科性。同时一些学者认为跨学科研究主要是对学科对象及其跨学科规律与方法进行研究的高层次学科领域。不同关键词概念下的跨学科分类，西方诸多学者对跨学科的概念提出各种阐释，难以达成统一理解，但 OECD 的定义具有重要的指导意义。

以下将对主要的三个概念进行界定。学者进行跨学科/交叉学科等相关研究时发现许多与其相关的学术术语，例如，“单学科（Unidisciplinary）”“超学科（Tansdisciplinary）”“多学科（Multidisciplinary）”“横学科（Crossdisciplinarity）”等。通过大量研究，我们认为以上相关学科术语分别阐述了跨学科活动的不同层次，Stokols 等学者也在文献中详细解释了这些术语的相同之处和差异。其在研究中分别列举了单学科（Unidisciplinary）、多学科（multidisciplinary）、跨学科/交叉学科性（interdisciplinary）和跨学科科学（transdisciplinary science）一系列学术术语，以此进行详细的跨学科整合研究。首先，关于单学科的研究。对于单一学科的研究几乎完全依赖于该单一学科相关的研究概念、理论、方法以及工具等，没有该学科之外的学科辅助。像心理学、地理学或医学等，对于这些学科研究的科学规律总是围绕着其特定的实质性现象展开研究，例如，他们分别是由心理、地理环境、生物等事实所组织起来的学科。其次，关于跨学科/交叉学科性的研究。与单学科研究有所不同，对于跨学科的研究通常涉及两个或两个以上学科之间的合作，其中包括自身跨学科的学者也包括研究不同学科的多位学者之间的合作，合作产物反映了来自两个或两个以上领域的概念、方法与观点的整合。跨学科性，即跨学科整合是研究者共同发展和使用共同的概念框架，将特定学科的理论、概念和方法结合起来以解决共同问题的过程，即每个研究人员分别从各自的学科角度来看待同一个问题，并且提出研究方法，最终解决一个共同的问题。因此，跨学科/交叉学科性研究所得的成果或者知识产品的综合质量和研究范围有别于传统的单学科科学知识产品。此外，关于多学科的研究。多学科性是指不同学科的研究人员独立或依次工作，每个人都从自己的学科角度来解决一个共同的问题，此过程中包括相近学科不同的研究人员的组合以及同一学科不同研究人员的组合。

罗森菲尔德认为，随着人们从多学科方法转向跨学科方法，跨学科研究的创造性潜力会增加，因为跨学科方法需要不同领域的学者之间进行更广泛的对话和合作，因此更有可能产生比多学科和单一学科战略更广泛的概念和创新的方法。与此同时，OECD也为“学科”相关的概念进行了深入的研究整理，此定义具有重要的指导意义。首先，关于多学科(Multidisciplinary)。“多学科”指针对同一个问题由不同学科的科研人员共同参与，分析问题找到方法解决问题。在多学科的工作框架中，各个学科中的知识仅是单纯的层叠和共享，并非完善整合，因此各个学科之间并无明显的互动，没有打破学科边界或者进行学科拓展。在我国学者们对“跨学科”概念的理解还未达成一致，通过对国内研究文献的考察可以发现有些学者认为“跨学科”的英文与跨学科的表述一致，即“Interdisciplinary”。近年来，关于“跨学科(Interdisciplinary)”的此种表述学者们使用得较多，不少学者没有详细区分“跨学科”和“交叉学科”的含义。有学者认为“跨学科”是用其中一种学科视角来考察另一种外部学科的对象，还有学者将 Cross-disciplinary 翻译为“横学科”，但这种说法在学术界并不多见。此外，邹晓东教授将多个概念进行细致分析比对，认为 Crossdisciplinary 也是可以代表跨学科的。2024 年，国际科学理事会(ISC)将跨学科科学定义为与社区和社会参与者共同设计研究和共同生产知识，以整合对特定问题的不同科学和社会观点。

交叉学科和跨学科都涉及多学科的结合，在很多情况下可以通用，但如细致划分，它们在概念和应用上存在一定差异。交叉学科指不同学科的理论、方法深度融合，形成全新的独立学科或研究领域。跨学科是指在特定研究或项目中，借用其他学科的方法或视角，但学科间保持相对独立。交叉学科常源于跨学科实践，长期跨学科合作可能催生新交叉学科。

2. 跨学科整合创新的概念及其演进

跨学科的整合创新(integration and innovation)是指不同学科领域之间通过合作与交流，实现知识、技术、方法等的相互渗透与融合，以解决复杂的科学问题和技术创新的研究模式。这种模式强调学科间的互补性与整合性，能够促进新知识、新技术的产生，推动科学发展和技术创新。

跨学科创新团队的发展是科学数字化转型阶段科技发展的重要特征，建设完善的跨学科科研团队是跨学科顺应时代潮流发展的关键核心因素，从多学科团队合作到跨学科资源整合的发展演进过程，跨学科科研团队合作产生“1+1>2”的整体力量进而加快创新发展。国内外众多相关学者对科研合作(Research Collaboration)及协同科研产出的具体意义进行了深入的研究。部分学者认为科研合作的主要目的是产生新的科学知识，而在此过程中需要科研人员集中合作，通过思想碰撞、信息交流从而产生新的知识。Sonnenwald 认为，科研合作是指两个及两个以上研究者或科学家，以共同目标为导向而进行的一系列科学思想交流碰撞与实践活动行为。在研究比对多种不同的定义后有学者提出，科研合作表示两个或两个以上的组织或者科研人员，为实现科研产出最大化的共同目标而进行协同工作一种实践活动。然而，"合作"的抽象性和"科学研究"的复杂性，使得广义的"科研合作"很难找到统一、明确的方法和标准进行分析。而"跨学科科研合作（Interdisciplinary Research Collaboration)"是基于"跨学科研究"和"科研整合"两个概念的基础上产生的。首先，跨学科科研合作是跨学科研究的一种形式，强调两个及以上的学科的研究人员通过交流合作的方式开展科研活动，使得学科之间相互渗透融合。并且随着跨学科科学研究中的"跨学科性""多学科性"等有关于跨学科的特性愈发明显，通过合作而展开的科研工作的方式不仅成为独立个体科研工作者的学术开展途径，更是科研团队、跨学科组织等多元科研主体进行学术创新的主要方式。其次，跨学科科研合作是一种新兴的科研合作类型，其主要强调特征表现为合作的主体来自多个不同的学科领域，综合各个学科的优势，进行不同学科知识的交叉融合构建新的理论方法从而解决研究中的问题。目前，纵观国内文献研究，其使用"跨学科科研合作"这一术语的文献并不多见，而国外已有不少学者使用"Interdisciplinary Research Collaboration"这一学术属于术语。与此同时，随着研究的深入，其他学者提出不少相近的学术术语的表达，例如，Simmons 和 Davis 早在其 1957 年的研究中就提出的相关术语，涉及某一研究领域的"跨学科合作（Interdisciplinary Collaboration in Research)"；Qin 和 Allen 在 1997 年就已经提出"跨学科研究中的合作（Collaboration in Interdisciplinary Research)"这一相关学术语言，并为以后的研究起到了重要的作用；此外，Groen 在 2015 年提出的"跨学科研究与合作（Interdisciplinary Research and Collaboration)"这一术语具有很大的影响力；Klein 和 Falk-Krzesinski 在研究中提到的"跨学科与合作式研究（Interdisciplinary and Collaborative Research)"这一术语比之前的表述更为新颖。

除此之外，在一些学术论文或特定的研究情境下，部分学者将"跨学科研究"或者"跨学科整合"等术语等同于"跨学科科研合作"。跨学科科研合作为来自不同学科的研究者进行深入的学术交流与合作，并且其通过此种合作能够达成创造新的知识以及产生新的理论的目的。还有学者认为，"跨学科科研合作"能够反映出不同学科的科研人员以研究同一个问题为导向，通过不同形式的合作开展学术研究活动，实现知识共享和融合，跨学科整合创新（Interdisciplinary integration and innovation)的概念由此产生，并产生出有价值的研究成果，提升跨学科资源协同整合与创新发展的绩效产出，推动学科知识发展、学术创新、科学进步和社会发展。与此同时，曾粤亮对于不同的概念进行考察分析，他认为"跨学科研究"更多的时候表示一个研究主体能够综合多个不同学科的知识开展交流研究，而“跨学科整合合作”一定是不同学科之间的研究活动，知识学科间进行合作完成的某项任务。

关于跨学科整合创新(Interdisciplinary integration and innovation)相关概念国内外学者对其定义虽各有差异，但本质上存在许多相同之处。在跨学科合作研究的过程中需要涉及多学科背景的研究者使其联合攻关复杂的研究项目进而更好开展合作，由此实现共同的研究目标，并且其研究结果有助于新的学科的形成与发展。此外，通过跨学科研究团队的建设，能够带动发展新的学科研究领域，同样能够通过跨学科的建设基础解决社会实际困难与问题。同时，创造新的学科，汇聚各个学科的优势，进行交叉融合研究，提升科研协同产出，使得科研产出力度加大，进而解决实际的研究问题。通过跨学科团队研究发现，跨学科团队往往呈现协作式扁平组织结构，这与传统的科研团队组织模式不同，其主要通过团队成员之间有效交流和学习来开展交叉协作研究，实现交叉研究目标。夏代云、何泌章等人认为跨学科团队的基础是扁平化组织架构的应用，因为其能够带来团队成员彼此信赖，良好的团队氛围，信息系统的完善有助于内部信息流动畅通，能够积极地开展合作。因此跨学科研究团队对其研究人员提出相应的要求，主要表现为以下几点：第一，团队合作意识。团队研究人员应具备团队合作意识，具有集体大局观，能够快速融入组织，跨学科团队更需要团队成员之间的井然有序地配合。第二，个人与团队意识。研究者个人应以共同的跨学科研究项目作为自身发展与追求的目标，在此过程中，研究人员能够充分融入团队，较快地加入团队大家庭，认可团队所倡导的研究习惯与研究思维，能够与团队领导、团队其他成员成为良好的合作伙伴，能摆正个人提升与团队整体进步之间的关系。第三，个体独立意识。团队研究人员摆正个人与团队利益的同时，应具备较高的集体荣誉感，不仅思想上要完全忠于团队意识，同时能够在统一开展研究的基础上，提出个人的独特见解，彰显研究个性，突出跨学科研究的“跨学科”以及“多样性”的特征。除此之外，研究团队中的领导者也发挥着至关重要的作用。一个优秀的领导者，将整个团队凝聚在一起，并且还能在团队成员面临困境时，积极协调疏导，以保证整个团队前进的方向。跨学科研究团队的方向、研究目标以及战略性发展政策大都由团队领导者组织和执行，团队成员要与团队发展方向保持一致，就需要充分尊重团队领导者的决策，在此基础上积极提出创造性的意见与建议，从而更好地促进整个团队向前迈进。

随着各学科领域科学知识的进步，学者们逐渐意识不同学科领域之间相互联系，交叉融合发展的重要性，不同学科知识结合向共同的目标发展以充分地回答当下跨学科关键性难题，促进科学知识在不同学科领域充分发挥作用。例如，Aboelela等学者在其研究中提到烟草的使用与高肺部疾病发生率之间的相关性并不足以提高戒烟率。这是关于风险评估、解决动机和合理定制方案的一系列研究，通过设计方案使之降低烟草使用率作为关键研究方向。通过对于此问题的研究能够激发多个学科中的科学知识相互结合，从其不同学科的方法和观点中开发出新的知识点、创新性研究方法以及优化的研究结果。众多学者在研究跨学科时发现许多有关卫生服务研究方面的期刊都体现了卫生服务研究的复杂性和跨学科方法的必要性。美国国立卫生研究院(NIH)所包括的人口、性别和社会不平等中心,跨部门神经科学中心等,过去10年资助了多个跨学科相关的研究中心,吸引了来自多个学科的学者从事跨学科的研究工作,并且国家卫生研究院已确定含有跨学科性的跨学科的产生是对当前所需科学知识的重要贡献。与之前相同,许多学者将跨学科研究描述为,能够将两个或两个以上不同科学学科的优势进行融合,从而解决给定的复杂问题。Aboelela等学者在其研究中提到,例如,行为科学家、分子生物学家和数学家通过整合不同学科的知识,将他们的研究工具、方法和技术通过一定的方式相互结合起来,以更有力地解决他们所研究的一系列难题。一些看似不相关的学科通过跨学科的逐渐发展在术语、方法论以及思想上的传统差距会逐渐减小甚至消除,除了潜在合作的障碍,真正的思想交流就会发生,有利于跨学科之间寻找合作学科以及学科之间相互融合。因此能够扩大各个学科问题的研究范围,产生新的和意想不到的观点见解,甚至可能产生复杂深奥的创新性学科。与此同时,关于跨学科研究的描述性陈述和学科列表的具体呈现让研究者更多地了解跨学科相关方面的研究价值。但只从一个角度出发会发现各跨学科之间可能缺乏所需的精确度,主要体现在无法确定某项研究工作的开展是否一定要采用跨学科的方式进行,可能仅仅是由不同学科的研究人员以及不同学术部门的个人独立进行完成。

跨学科虽然得到了一定发展,但是其在我国高校中的发展仍然面临着许多问题,比如,高校关于跨学科发展平台缺失,高校对于跨学科体制机制的更新速度慢等一系列障碍及诸多现实困境。当前,许多高校应用现有资源大力开展跨学科问题实际性工作,例如范涛、颜伏伍等学者基于问题导向,着力研究"新能源与智能网联汽车"这一跨学科课题,其主要构建了"课题组—非实体机构—实体机构"渐变式的学科组织,对于创新型人才与多元化人才实行聘用制,在此过程中建立完善的培养与考核机制,由此建立内外结合,全方位激励的科研协同创新机制,推行高校与企业协同发展,高校与科研院所协同发展以及重视国际协同人才的联合培养,制订较为完善的内部制度体系等主要举措,实现该跨学科的快速发展。尽管有的学者建立了研究团队,但跨学科的性质和跨学科研究的概念因学科而异,参与者对跨学科研究过程的期望和价值观也各不相同,需要对跨学科研究作出更精确的定义,以便资助机构和研究人员自己能够确定对科学作出成功的跨学科贡献所必需的能力和资源。殷朝晖和刘子涵研究了当下在"双一流"建设的大背景下,跨学科研究范式逐渐在学科间交叉融合中产生,其通过研究得到的结论为跨学科在能够促进知识生产和创新,通常产生学术及非学术的双重影响。且在以往的学科评估中,关于非学术影响的概念界定比较模糊,存在着评价方式尚未完善,评价主体单一等问题,因此研究跨学科的非学术影响评价需要通过借鉴国外评价跨学科研究有关于非学术影响的有益经验。学者们提出,我国应以设立专业的跨学科研究评价委员会、分阶段评价跨学科研究、多元评价主体联动评估等改革措施为着力点，构建科学的符合时代要求的跨学科研究的非学术影响评价机制，以强化跨学科研究成果的应用价值导向，推动“双一流”建设高校学科研究评价制度的改革与创新。

在推进跨学科整合创新的过程中，高校和研究机构扮演着重要角色。例如，清华大学未来实验室与基础教研室共同组织的“设计形态学”跨学科研讨微沙龙，就是一次面向未来跨学科研究与协同创新的实践。此外，南京大学中国式现代化研究院的成立，也是为了深化中国式现代化理论研究，通过跨学科的方式进行。

跨学科整合创新的实现，需要高校和研究机构在管理体制、运行机制和评价机制上进行创新与优化。例如，通过设立跨学科学术委员会、实行主任负责制、提供专项基金等方式，来促进跨学科研究活动的开展。同时，加强与产业界的联系，构建产学研合作网络，促进知识转移和技术转化，也是提升跨学科研究绩效的重要途径。

此外，跨学科研究的整合创新机理也受到了学术界的关注。研究表明，高校跨学科组织的合理性及其与产业界的联系，对科研生产力有显著正效应。同时，跨学科研究的管理体制、运行机制和评价机制在这一关系中发挥着中介作用，对提升科研生产力具有重要意义。在“双一流”建设背景下，我国高校在跨学科学术组织构建方面也取得了一定的进展。通过整合国家级重点实验室、跨系跨学科研究中心或研究所、独立设置的跨学科研究中心以及国家级与省级协同创新中心等模式，促进了学科交叉融合，提升了高校的创新能力。

总体来看，跨学科整合创新作为一种新兴的研究模式，对于推动科技进步和社会发展具有重要作用。高校和研究机构需要不断优化跨学科研究的管理体制和运行机制，加强与产业界的合作，以实现科研创新和社会发展的双赢。

1.2.2 跨学科特征

跨学科能够通过协调各学科之间关系从而使得各学科产生紧密结合的联系，各个学科发挥自身优势使之成为一个协调一致的整体。跨学科/交叉学科能够将社会科学、自然科学以及健康科学等学科打破传统边界，超越自身学科发展范围并结合人文学科，在此共同的背景下各跨学科融合协同发展，并在此过程中超越了每个学科的传统边界。而跨学科的多学科性特征主要是指多个不同的学科之间交流融合所产生的相关活动，各个不同学科利用自身的知识与其他学科产生联系，不同之处在于这些学科产生相关联系时各学科仍然保持在自身领域的边界内。因此，跨学科是指存在于现有的不同学科之间的活动，或它们之间通过各种方式产生的相互关系。但是，正如国家之间存在着各式样的国际关系却并不会因此否认每个国家拥有独立的主权一样。跨学科在建立不同学科之间关系的基础上同样也不会否定每个学科存在的独立性。在此过程中，每位学者从自己的学科背景出发展开研究，并为某一个问题的解决提供帮助。而在多学科研究中，不同学科的学者致力于解决一个问题，但每个研究人员都从他们自己学科特定的角度相互独立地完成工作。超学科则是指研究人员共同开发和使用共享的概念框架的过程，这一框架将各个学科的理论，概念和方法进行了融合。Choi 和 Pak 认为从多学科、跨学科到交叉学科的定义的逐渐演变和方法的不断更新，能够反映出各个学科在不同领域内参与程度越来越高并且在跨学科领域参与范围越来越广，这是形成跨学科连续统一体的重要过程。

跨学科研究的特征是由相关理论基础上发展而来的，具体涉及以下理论：

1. 系统理论

20 世纪初，德国生物学家格尔茨提出了"通用系统理论"（General System Theory），认为不同学科的系统模型可以通过统一的原则进行描述。他强调，系统的整体性优于其各个部分的简单相加，系统的行为和特性无法仅通过对单个要素的分析来理解。

2. 知识话语理论

英国著名教育社会学家巴兹尔·伯恩斯坦建构了一套独特的课程观，他将课程定义为"一套一定的时间阶段及其所囊括的知识内容被组织起来的原则，根据这些原则，有些内容被赋予了特殊的地位，并且互相之间形成了开放或封闭的关系。"在伯恩斯坦的课程观下，课程植根于知识关系和知识组织原则之中，课程的关键并不在于知识内容本身，而在于知识内容之间的关系。基于此分析可以认为，跨学科课程的核心特质在于不同学科知识间的整合，也就是要处理好不同学科知识之间的关系，以一定的原则将不同学科的知识组织起来，使它们能够充分地实现整合。由此可见，伯恩斯坦的这种关注课程内在知识关系的课程观与跨学科课程建构的基本逻辑具有内在一致性，能够为跨学科课程建构提供认识论上的指导。

进一步，研究运用伯恩斯坦的知识话语（Knowledge Discourse）理论，对跨学科课程的知识整合规则进行分析。知识话语理论是一套对教育知识的选择、组织、传递和评价的"内在语法"进行探寻的分析工具，这套分析工具是建立在知识本身具有内在的、不受外部权力关系影响的性质、内容和组织架构的基本认识上的，旨在揭示学校课程知识组织与发展的稳定规律，也因此能够为挖掘跨学科课程中不同类型学科知识间存在的内在的、稳定的整合机制提供有效的理论分析工具。知识话语理论充分体现了伯恩斯坦在其后期的理论工作中对知识内部建构的自主性与实在性规则进行研究的取向，他批判新教育社会学派、教育再生产理论以及抵制理论等对影响教育知识形式的外部社会因素的过度强调，认为这些理论所呈现的仅仅是教育承载了什么，没有解释学校的核心活动知识传递与习得的特征，无法理解教育作为载体本身的内部结构。他指出，各种学科知识内部都存在实在的，是因为知识生产者长时间不断建构的社会关系、制度和实践活动确保了知识分化的客观性，产生了相对稳定的，客观的知识组织规则和规范，即知识话语。

3. 知识创造理论

野中和竹内把自己的创新理论自觉奠基于认识论、本体论和系统辩证法的基础上。在这几个方面，他们以开放的态度，充分吸收了东西方哲学中的合理成分并加以发展，提出富有创意的哲学思想。作为知识创造理论，其基础理论即认识论思想对其具有直接的指导意义。野中和竹内在认识论上的主要特点是对西方和日本在认识论上的风格进行了认真的对比研究，在企业知识创新的角度上提出了隐性知识和显性知识的区分，并由此揭示了日本企业的知识创造过程是从隐性知识向显性知识转化这一秘密。

鉴于野中郁次郎与竹内弘高的 SECI 的知识创造理论存在诸多局限性，学者开始尝试探索根植于中国情境下的全新的知识创造理论模型。

一种是从过程视角探讨知识创造活动是如何展开的。其中较有代表性的是基于中国高校与产业合作提炼出知识获取、消化、共享和传播(GDSP)的知识创造理论。后来进一步地利用我国易经中的阴阳互动思想阐释了知识创造各个阶段的动态变化，并详细地比较了 GDSP 与 SECI 知识创造理论的区别。还有学者根据集群知识与创新理论提出了知识溢出(Spillover)—外部创造(Creation)—知识获取(Acquisition)—内部整合(Integration)的 SCAI 螺旋模式，即知识从集群企业知识源被动外溢到接收单元，经接收单元内部加工整合后又被知识源主动汲取、消化与利用。

理论演进与实践发展表明，任何一门学科都存在独立的能够与其他学科进行区分的某些特征，而跨学科作为一个涵盖多个学科的新兴的研究领域，其主要具有的基本特征一方面与其他学科有一定的相近之处，另一方面有自身的创新之处。纵观学者们的研究，发现许多学者列举出跨学科的不同特征，未来在跨学科的不断发展成长下，其特征越来越鲜明，并在其创新的过程中会产生新的独立特征。结合以往研究以及笔者自身对于跨学科特征的理解，认为跨学科的主要特征有以下几点。

(1) 跨学科的多学科性和跨学科性。跨学科的形成方式相对复杂，与简单的学科分化是不同的，它是在不同学科之间的相互作用和渗透中逐渐形成和发展起来的。其中，跨学科性和多学科性是其最为突出的特征。跨学科学是以学科间有关的共同问题为研究对象，运用多学科的理论和方法，探讨解决问题的途径，促进学科技术全面协调发展的新学科。现代科学发展的突出特点是，既高度分化又高度综合。一方面，学科划分越来越细，分支越来越多；另一方面解决日益复杂的许多重大问题又需要多学科的配合和综合，学科之间相互渗透、相互交叉、相互结合，不断涌现与传统学科分类迥异的新学科，这就是“交叉学科”。从这个意义上讲，跨学科形成的过程即为不同学科之间相互交叉、相互融合的过程。

(2) 跨学科的综合性和不确定性。在跨学科的形成和发展过程中，学者们对传统单一学科的理解逐渐产生变化，主要是由简单到复杂的转变。在形成跨学科之前，传统的单一学科都有自身的独立性特征，学科本身存在完整的一套理论和方法等。

而在跨学科的形成的相对复杂的过程中，原有的各不相同的传统单一性学科分别“发挥各自的优势”，其在理论、方法、工具等层面相互作用、相互渗透、相互融合。每个学科尽可能发挥自身优势，全方位地展现自身价值并且能够运用到其所参与的跨学科领域。因此，由不同跨学科组合而成新的学科在一定程度上存在整体性特征，形成的新的学科承载着每个学科的优势，比较完整地结合了每个学科的特点，“取其精华，去其糟粕”，体现了不同学科整体性的特征。而在此融合的过程中，每个学科交互之间的作用力量不尽相同，也无法绝对平均进行分配，从而使每个学科存在一定的差异性。而这种差异性一旦形成之后会随着新学科的不断介入，输入新的理论、方法、工具等，使得每个学科间的差异度不断产生变化，甚至差异越来越大。但无论如何变化，此种不平衡不确定性的学科组合能够很好地相互融合使得跨学科达到最优状态。因此，由于跨学科研究本身的跨学科性，很难具体判定新兴的跨学科研究的学科属性。

(3) 跨学科的方向性。跨学科的长期实践形成了交叉学科。跨学科中的“交叉”一词主要指“纵向交叉”和“横向交叉”，跨学科存在方向性特征主要是用来区分纵向交叉和横向交叉。首先，纵向跨学科是指各个不同层次的学科及其要素沿着纵深方向与其他学科进行交叉融合。这种纵向交叉的学科形式一般应用于相对大型的学科体系的垂直方向，例如量子无线电物理学，这一学科就是沿着自然科学－物理学－无线电物理学这一垂直方向跨学科融合的产物。其次是横向跨学科。由于对不同学科的认识和把握不够全面，以及对所需交叉融合学科之间的组合了解不够详细，因此需要采用横向跨学科进行学科之间的选择组合。而大部分的横向学科就是由这种交叉才得以形成的。另外，横向跨学科又可以将其区分为同体系横向交叉和跨体系横向交叉两种，此种分类主要是按照各个跨学科之间距离的远近程度进行划分。同体系的跨学科主要是指自然科学、综合科学、技术科学和社会科学四大系统内的学科的交叉，例如生物电技术、光化学以及历史人口学等就属于同体系的跨学科。而跨体系跨学科指的是跨越大的学科体系之间的跨学科，如保险数学、生物政治学以及生物数学等，这些被称为跨体系的跨学科。由此可见，从纵向跨学科和横向跨学科可以更好判断不同学科所适用的交叉融合方式，并且为跨学科奠定良好的基础。同样横向跨学科的跨度大小可以判别某一跨学科涉及的学科属性以及其所辐射的范围，因此能够更好把握该跨学科的发展前景。

(4) 跨学科的系统性。跨学科研究及其制度化的交叉学科是一个高度复杂的系统工程，是一个多层级、多维度协同演进的体系。2021 年 1 月，国务院学位委员会、教育部印发《国务院学位委员会教育部关于设置“交叉学科”门类、“集成电路科学与工程”和“国家安全学”一级学科》的通知，“交叉学科”正式成为我国第 14 个学科门类，“集成电路科学与工程”“国家安全学”成为该门类下的一级学科。2021 年 12 月 6 日，国务院学位委员会专门印发了《交叉学科设置与管理办法(试行)》。此次《管理办法》首次明确对交叉学科的内涵进行了界定，它是多个学科相互渗透、融合形成的新学科，具有不同于现有一级学科范畴的概念、理论和方法体系，已成为学科、知识发展的新领域。在国家层面，通过设立独立的学科门类，构建了交叉学科发展的顶层制度框架和资源配置通道。在院校层面，需要打破传统院系壁垒，建立灵活的组织机制和评价体系以支撑跨学科研究团队与平台。另外，跨学科的系统性也表现为驱动力的多元融合，它既是知识内在逻辑突破传统学科边界的必然要求，更是应对当今世界复杂挑战的迫切需要，两者相互交织，共同推动知识体系的协同创新。最后，跨学校的系统性还体现在其动态反馈过程中，跨学科概念、理论和方法体系等需要通过持续的研究实践、人才培养成效以及解决实际问题的能力等过程来验证和完善。

(5) 跨学科的聚散性。纵观学者们对于跨学科的分析可以发现，只要各个学科的概念、理论、方法、工具等能够进行相互的渗透结合，在此交流的过程中就有可能产生新的跨学科。目前，随着各学科的不断进步和发展，对于学科的定位更加精细化、精准化，因此多数学科会产生精细化的裂变，即某些专门化的学科随着科技的进步，很大程度上能够逐渐演变分化成若干个更加专门化的分支学科。因此，研究认为跨学科的过程中能够显现出其分散性的特征。随后，其演化所形成的精细化、专门化的学科之间以及分化学科与未分化学科之间开始相互交流，逐步产生联系，通过“释放信号”寻求交叉、融合与互动。在此交叉融合的过程中会经历一系列复杂化、精细化、专门化的过程，其中包括学科对象的整合、学科概念的移植、不同学科之间的理论渗透、方法借鉴、观点碰撞、模型创新、激励融合等，进而能够形成新的学科协同效应，即跨学科的协同创新和绩效提升的结果。由此可见，跨学科的过程中会出现某学科在其分化的基础上产生聚合效应，并在其聚合的过程中也能够继续分化，此过程可能是一个漫长演变的过程，但在此过程中使得各个学科能够更加科学地服务于新兴的跨学科，最终所形成的跨学科以及正在经历演变的各个学科都会呈现出高度发散和高度聚合的双重特征。

(6) 研究内容的创新性。由上述研究可以得出，不同学科通过高度整合、大量分化、纵横交叉、相互渗透等一系列复杂的过程从而产生的新的学科即“跨学科”承载着每个学科不同的特性，因此具有一定的创新性。首先，每个学科在其发展的过程中会呈现自身学科发展精细化以及自我分化的重要过程，在此过程中，学科自身会结出新的“果实”，可能产生前所未有的新概念、理论、方法等。此外，不同学科各自产生新的知识成果。随着跨学科的发生，不同的学科不仅将以前所拥有的“旧成果”相互联系交流整合，同时这些学科产生的新的成果同样能展开交流融合，并且旧成果与新成果之间也在不断地交替融合。由此可见，跨学科的过程复杂却有条理性，从而产生无数的创新性成果。最终所形成的跨学科以及正在经历演变的各个学科都会呈现出高度融合创新的特征。跨学科也是现代科学技术创新的一条必然的路径。据统计，近 20 年来诺贝尔自然科学奖中，交叉研究成果占比已超过 1/3。在这种大趋势下，如果仍然只盯着单一学科的“一亩三分地”，不愿走出“舒适区”，忽视跨学科，就势必导致“小白鼠效应”。这既不利于创新人才的培养，也不利于创新成果的产生。抢占科技制高点，需要推进跨学科融合。当前，许多重大发现和事关国计民生的重要问题，常常涉及不同学科的相互交叉和相互渗透。越来越多的原创性、引领性成果产生于跨学科、技术集成。实现高水平科技自立自强，同样需要推进跨学科融合。跨学科融合是加速科技创新的重要驱动力，强化跨学科、寻求新的科研范式，是推动科技创新的重要途径。这就要求科研人员摆脱惯性思维，抓住科研范式变革的机遇，凝练新的科学问题，促进各学科间不断融合，取长补短，推动跨学科融合迈上新台阶。

跨学科的明确目的是解决不易解决的复杂、多维的难题，社会正面临着在现实世界中表现出来的问题，这些问题是复杂的、多维的，不受单一学科框架界限的，特别是关于人类社会和自然系统界面的问题。因此，推进跨学科资源整合，要加强面向重大战略需求和新兴科学前沿交叉领域的统筹推进，建立跨学科整合资助机制和资源配置模式，促进多学科对综合性复杂问题的协同攻关。同时，要尊重不同学科的特点，鼓励个性化发展，建立对跨学科研究有效的评审机制和评价体系，培育自由包容的学术生态。

(7) 研究领域具有创新性。由于跨学科涉及多门学科的整合创新，因此跨学科研究领域可被看作是多门学科知识在互相融合后形成的新知识集合体。当进行跨学科时，不同学科门类的研究专家汇聚一起来研究存在于人类社会或自然环境中的复杂现象。在研究过程中会衍生出新的知识与技术，进而开辟出新的研究领域。新的科学领域既是新知识的生产基地，也是跨学科创新的摇篮。

跨学科起源于不同学科相互碰撞中产生新的思想理念。在相互碰撞的过程中产生了新的问题，并就该问题深入研究，就此产生了新的学科。这些新的学科就是涉及了多个原有学科的跨学科。跨学科形成的研究领域具有较少的认知排他性。大部分已有学科只关注自身发展，并不与其他学科联系。长此以往，不仅自身发展陷入瓶颈，而且不容易迸发新的研究方向。不同学科背景的研究人员就某一问题进行交流合作很容易产生新的研究问题。这些研究问题打破了原有的思维习惯、拓展了原有思想范畴，孵化出原创性成果。这反映了跨学科的创新性。创新性是跨学科发展的第一生产力，也有助于打破原有学科自身发展的桎梏并促进原有学科的发展。

(8) 研究环境的活跃性与开放性。从事跨学科研究的科研人员不会遭受原有学科框架、技术及价值准则的束缚。科研人员能够怀有开放包容的心态学习吸收其他学科知识，进而以较原先更为开阔的视野研究新的复杂问题。同时，跨学科是在新的领域进行探索，没有先例可循，没有前人指导，研究过程具有可变性和未知性的特征。而跨学科能为研究人员创建轻松适宜的日常讨论交流平台，有利于研究人员在探索未知中互相扶持，互相总结，最终得到新的发现。

跨学科发展的关键在于是否能够时刻研究科学前沿问题。前沿领域问题的解决能够带来多重利好。首先，能够顺带解决单一学科内的问题，其次，能助推单一学科向前发展。因此，把握学科前沿就是把握住了学科发展动向。例如，对于高校的学科组织机构而言，把握学科的前沿性是日常学科开展工作的重要组成部分，并且学科的前沿性有助于日后跨学科的选择和建设。如筛选出有发展前景的学科方向以及学术领域。有选择地开展不同学科的交叉学术活动,确定跨学科发展规划以及实施路径。因此,把握住跨学科的前沿动向能促进跨学科的有效、科学发展。

回顾跨学科的起源及定义,跨学科协同创新发展需要广泛地吸收其他学科的知识。显然,跨学科具备开放性的特征。由于跨学科研究领域所涉及的学科较多,因此跨学科所涉及的知识较杂,且跨学科解决的问题很多都存在争议性。跨学科在接纳其他学科长处的同时,也在向其他学科分享自身信息。这样的知识分享过程形成了知识信息的流动,使得跨学科发展欣欣向荣。跨学科的开放性决定了自身能广泛地征集优质科研资源并开展科研合作以帮助自身发展。

无论是引进其他学科的理论,还是构建新的理论。不同学科的理论观点都将在跨学科研究领域里被创造性地整合。这样的整合会产生新的理论观点。不仅可以丰富传统学科知识内容,拓展传统知识的研究范围,而且为构建新的概念框架,新的理论,促进新学科的产生提供了机会。例如,跨学科所创建的大环境能够将其他单一学科的理论或是刚创造出的新理论进行创造性的整合。这不仅可以拓宽传统单一学科的研究范围,丰富传统学科的知识库,还能够继续产生新的理论,构建新的研究框架。例如,生物学与数学交叉产生生物数学学科。生物学与物理学交叉产生生物物理学科,生物学与化学交叉产生生物化学学科,生物学与信息学交叉产生生物信息学科。这些生物跨学科帮助科研人员探寻着一个又一个生命的奥义。计算机学科与哲学、心理学等跨学科产生了人工智能学科。目前,人工智能发展迅速,对人类社会产生了巨大的影响,相关的应用已经开始出现在日常生活中。

(9)研究范畴的未知性。不同学科进行交叉构建了许多新的研究领域。这些新的研究领域还有待探索,因此研究领域内许多知识是未知的,许多问题有待解决。这些未知的领域需要不同学科背景的研究人员一起交流鼓励进行探索。探索过程中不仅能够解决已有疑难问题,还能激发出新的思想火花,开辟新的研究路径,创造新的研究方法。最终深化了研究人员对于相关问题的认识,帮助原创性研究,为新知识的诞生添砖加瓦。而跨学科研究领域的未知性正是源自其处于科学前沿。在对跨学科进行研究极有可能引领科技的重大变革。例如在能源科学方面,能源转型就是进行跨学科研究。当前我国还是严重依赖煤炭资源,能源转型符合我国提出了“碳达峰”和“碳中和”目标,并且能够缓解我国严峻的环境形势。目前能源领域已经成为颠覆性技术创新最活跃领域之一。燃料电池、储能技术等新技术不断涌现出来,世界大国将能源技术作为发展重点。能源研究是需要吸收基础学科以及前沿领域研究成果的应用型学科。例如美国潜心研究30多年将能源学科与材料等工程学科进行交叉融合,取得多段水力压裂技术等多项能源工程交叉领域技术突破,最终引发页岩油气革命。页岩油气革命一举扭转了过去美国大量进口天然气的局面,使其成为全球唯一能对页岩气进行大规模开采的国家,还能向外出口天然气。跨学科的研究领域的未知性能帮助科研人员跳出已有思维藩篱,拓宽新的研究视野,孵化新的技术专利,获取新的科学发现。

第 2 章　跨学科发展机制与结构体系

2.1　引　言

在跨学科整合创新研究领域,国内外众多专家学者深入探讨了其逻辑起源与组织模式等问题。他们发现,跨学科整合的起源既与学科自身发展需求有关,也与解决复杂社会问题的现实需要密切相关,这些理论包括系统理论、知识话语理论、知识创造理论。组织模式研究也为跨学科的建设和发展提供了重要参考。

跨学科研究源动力不仅是促成跨学科内部发生机制的重要推手,而且集中体现除跨学科的外在价值。从跨学科的内涵机制入手,深度解析跨学科的源动力,能更好地助力跨学科的理论的构建和未来的发展。通过对跨学科整合创新问题的逻辑起源、问题特点与表征等方面进行深入研究,构建出跨学科管理组织体系将为后续的整合绩效优化提升带来深刻的影响。

1. 逻辑起源

关于跨学科的逻辑起源与动力机制的国内外文献较少。已有文献中大部分学者持有跨学科的内外动力说观点。他们认为跨学科向前发展的外部环境驱动力主要包括科学系统自身发展、国家文化情境以及社会重大问题和不同学科的协同效应。跨学科的主观驱动力主要包括科研人员自身的求知欲、研究成果的价值。跨学科的客观驱动力新技术的使用和高校的相关政策。虽然上述原因确实是促进跨学科融合发展的重要因素,但其还不能称为交叉发展的源动力。无论是上述的外部环境驱动力还是主客观驱动力,均仅仅把现象结合经验事实进行简单推理,并没有深入到跨学科发展的根源。因此,研究跨学科的发生机理能为探寻跨学科的源动力夯实基础。

方法学原理最先源于生物学、遗传学等自然科学领域。此后方法学原理应用到自然科学其他领域,能够揭示不同学科的发展、演化形式以及不同阶段的形态和规律。方法学原理还随着科学主义、理性主义以及实证主义的发展应用到人文社会科学。此时,方法学原理的研究范围得到了极大丰富。马克思主义发生学是基于辩证唯物法以及唯物史观构建的历史解释模型。该模型指出:人类进行研究应该尊重现实,以历史的结果为出发点探寻学科的本质规定,并回溯学科的本质要素以及条件的历史形态。人类通过发现学科中不同历史形态的要素和条件的相互作用和历史批判关系,发现学科随时间演变的轨迹及其内在规律。此后 Jean Piaget 经深入研究最终敲定发生学原理的研究范式,包含探寻起源、划分阶段、建构机制三大部分,找准跨学科逻辑起点能够推理出跨学科的发展动力。

依据 Karl Popper 认为科学发展模式应该遵循"问题—尝试解决—排除错误—新的问题"四个步骤。因此，我们可以将科学发展模式归纳为不断提出问题，并解决问题的过程。科研人员在进行研究时都需要遵循三大基本步骤：提出问题、分析问题、解决问题。即科学研究都是围绕着科学问题展开。科学问题是科学研究的逻辑起点。从三大步骤可以看出，跨学科的主要内涵实质为科学研究活动，跨学科逻辑起点是科学问题。

2. 问题导向

跨学科的设立是通过问题导向以解决复杂的实际情况，然而科学问题是跨学科的必要条件和事实基础，客观存在的科学问题并不会促进跨学科的发展。跨学科的发展还有其他诱因，这些诱因存在于人类社会发展的历程中。在原始社会，解决温饱、生存问题是人类关心的核心问题，人类生存完全依赖大自然的馈赠，狩猎是人类的主要的日常活动。但是远古人类意识到了狩猎活动给自身生命安全带来的巨大危险，他们开始思考如何更加稳定高效安全地获取更多食物，使用畜力进行耕地的劳作方式应运而生，并且人类开始采用金属工具进行生产，逐步淘汰木质、石质器具。此后人类的生产力逐步提高，最终摆脱了生产力的束缚。

在人类文明发展历程的很长一段时间内，宗教信仰以及衍生文化一直处于统治地位，此后，三大思想解放运动冲破了神学的思维枷锁。20 世纪中期，化石能源的逐渐枯竭也加速了人类对再生能源的开发及利用。在人类文明发展进程中出现的各种实质性问题，都是促进学科知识不断发展、积累和创造的重要推手。进入 21 世纪后，越来越多的个性化需求推动厂商加快生产方式转型的步伐。互联网技术则是突破了传统的时空限制，引发知识存量的飞速增长以及科学技术的持续更新。社会发展模式，人类的生活方式都相对于过去发生了巨大的变化。这些新技术也是一把双刃剑，在解决很多复杂难题的同时也带来了很多新的难题。

综上，人类社会的发展与解决问题紧密相连，每一次科研人员解决科学难题都提升了自身的能力以及扩充了已有知识，能为科研人员解决今后的科学难题提供了更多的动力。相关学科也能得到更好的发展，当今的社会的复杂性致使科研人员在解决复杂问题时往往会牵一发而动全身，单一学科心有余而力不足，此情形下促进学科的交叉发展已成定局。

3. 问题表征

马斯洛需求理论指出，人类最基本的需求是物质需求。物质需求也与人类的日常生活息息相关。人类需要物质，物质可为生活提供供需。然而，在世界各国经济高速发展的过程中，环境污染问题也越来越严重。例如伦敦一直遭受雾霾困扰，格陵兰岛冰川每天都在融化、巴西森林覆盖率年年下降。如今，除了环境污染，各种疫情也影响人类的生存安全。像上述这些难题过于复杂，而单一学科仅能解决某一方面问题，势单力薄，因此需要跨学科的帮助。换句话说，跨学科的本质在于解决科学世界的复杂问题，以便更好地促进社会向前发展。

2.2 跨学科架构体系

2.2.1 知识整合作用

知识整合可使组织及时响应科研产出需求进行创新，来提高科研主体的创新绩效水平。在协同创新前，需要科研主体收集或汇总多领域的知识，仅仅依靠单一知识是不够的，因此知识整合可以促进协同创新。

知识整合在协同创新中起着至关重要的作用，它不仅优化了创新资源的获取，还能够推动知识的高效利用并增强创新目标的一致性。利用知识整合，科研主体可以有效地利用外部资源，从而建立起强大的创新资源基础。这种知识整合除了有助于不同创新主体间的知识互补，还推动了创新资源的优化配置，使创新活动在一个资源丰富的环境中进行。

在知识整合的过程中，信息流动的效率和质量显著提高。知识整合能解决信息不对称和知识断层问题，使不同领域的知识可以快速传播并使用。这种高效的知识流动加速了协同创新，并为各主体提供了更多解决方案。在进行知识整合后，创新过程中的信息透明度得到提高，从而确保协同创新活动的顺利实施。

此外，知识整合在协同创新中还起增强创新目标一致性的作用。在协同创新过程中，创新主体来自不同背景，可能拥有各自的目标。通过知识整合，各创新主体能够建立共同的理解和认知，消除因目标不一致所导致的障碍。在统一的目标导向下，效率会显著提升，从而避免目标分歧导致的资源浪费。同时，知识整合是多维度的资源融合，不仅实现了技术层面的突破，还关系管理模式和组织结构的创新。知识整合通过将技术创新与管理创新进行结合，推动了组织多个维度的创新发展，使科研主体能够在技术领域和管理模式上都取得显著进展，技术与管理相辅相成，推动科研主体整体绩效的提高，为科研主体实现长期可持续的创新发展奠定坚实的基础。

2.2.2 结构要素

以高校为例，良好的跨学科协同发展体系能为高校跨学科的发展打下坚实基础。而构建一个良好的高校交叉融合发展体系需要以下要素：平台组织、管理制度、资金投入、设备共享、人才聘用、考核评价、成果归属等。图 2－1 展示了跨学科融合创新体系。在该创新体系中，每一个创新要素都环环相扣，需要高校进行顶层设计再自上而下地传达至下属院系执行。下属院系不仅要对各个要素进行改革优化落实，还须协助各个要素更好地相互连接，为学科之间更好地融合提供保障。

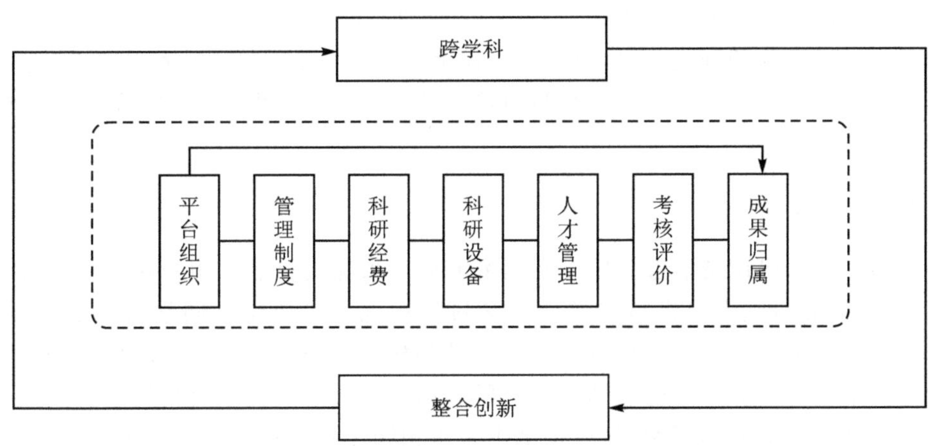

图 2－1　跨学科整合创新的组织架构体系

1. 平台组织

完备的跨学科平台能帮助各个高校快速有效地推进跨学科融合创新。当前学术环境下，跨学科融合研究人员学术背景复杂，来自不同院系不同的学科，亟需跨学科研究平台为研究人员之间的跨学科交流提供后备支持。同时，跨学科平台能帮助跨学科研究团队建设，更好地培养跨学科后备人才，促进研究团队发展壮大，因此，跨学科研究的基础是建设稳固的跨学科平台。依据国外跨学科融合建设经验，我国高校可以采用跨学科研究中心、跨学科研究院等形式来搭建跨学科组织平台，高校还可以根据自身发展情况选择将跨学科平台设立为虚拟型或实体型进行建设。

2. 管理制度

良好的跨学科平台管理制度能为跨学科平台组织的正常运转、跨学科融合的有效推进保驾护航。高校领导应该将着力点放在创新体系的顶层设计方面，并建立相对完善的学科管理制度。相关的学科管理制度必须涵盖设备共享、人才聘用，考核评价以及成果归属等，将分散在不同院系的科研人员、资金以及研究设备有机地整合在一起，形成完整的跨学科融合创新体系。周全的管理制度不仅能把跨学科研究人员凝聚在一起，而且能激发科研人员开展跨学科创新的积极性，并有效地开展跨学科研究工作。

3. 科研经费

科研经费的持续投入能为高校跨学科融合创新活动提供坚实的后勤保障。对于跨科研究活动而言，高校在学科平台成立时下拨的科研启动经费远远不够，高校还应该成立多样化科研基金，如项目培育基金，科研成果转化天使基金等。不仅如此，高校还应该向国家或地方寻求支持，争取与企业的产学研项目合作。高校还应该建立完善的项目经费管理制度，可以跳出单一院系、单一学科的科研经费管理制度，增设跨学科项目专用经费账户。跨学科科研经费的专款专用能保障跨学科研究平台的资金持续投入。

4. 科研设备

高精尖的科研设备能够为跨学科研究有效开展保驾护航。由于跨学科融合涉及多门学科，因此研究人员进行日常的跨学科活动也需要使用不同学科的仪器设备。此时高校应该构建适合跨学科日常研究活动的科研设备管理系统。高校鼓励跨学科平台的各个学科团队在自己仪器设备空闲时向同平台的其他学科科研人员开放。这样提高了仪器设备的利用率，学校也减少了对相同仪器设备的重复购买，降低了经费开支。学校统一维护共享仪器设备，也降低了仪器设备所在实验室的维护成本。

5. 人才管理

有效管理不同学科背景出身的科研人员，能更好地推进交叉融合科研工作。目前，我国高校大都沿用传统的“学校—院系—教师”的人事组织管理结构。不同学科背景出身的教师和科研人员人事关系一般隶属于不同的学院科系，并由各个学院进行管理。这种传统的管理模式为高校的跨学科融合工作增加了人事管理方面的障碍。因此，高校领导应跳出原有的“学校—院系—教师”三级管理框架，重新为跨学科科研管理体系进行顶层设计，可以拟定更加灵活的人事聘用共享制度，例如“双聘”或“共享”制度。这类制度更加灵活，可使得从事跨学科的科研人员不会受已有的院系管理制度限制。从事跨学科的科研人员所在的传统学科院系应认可其在跨学科组织平台所产出的科研成果。这些举措能真正去除科研人员的后顾之忧，让其心无旁骛地进行跨学科科研工作。

6. 考核评价

设立适合跨学科科研成果的评价标准，选择适合跨学科科研成果的评价方法，是客观评价跨学科科研成果的前提。基于跨学科涉及多门传统单一学科这一现状，高校需要选择合适的评价标准与评价方法，并在此基础上构建出适合的评价体系。同时，高校在进行成果评价时，跨学科评价小组应囊括各个相关学科领域专家。覆盖不同学科的综合性评价小组能客观有效地评价跨学科科研人员产出的科研成果，也能评定科研人员申报的项目以及相关的职位晋升。高校需要打破已经存在的院系考评体系壁垒，综合考虑现有跨学科项目推进情况以及真正参与跨学科研究的科研人员在科研学术活动中的工作情况，例如，参考科研人员正在攻克的跨学科项目当前产出成果以及其占团队所有成员的贡献比例。高校应该意识跨学科研究非一日之功，需要不同学科长期的深度协同融合以及科研人员持之以恒地钻研。因此，高校不能生搬硬套已有学科评价体系，应根据跨学科实际情况制定合理完善的绩效考核标准。高校应以实现跨学科长远目标为准则，不局限于评价近期显性成果（论文、专利、项目等），重点关注跨学科研究过程中的阶段性成果。同时，高校应该有意识地提高阶段性成果在评价标准中的占比，并适当延长从事跨学科研究的科研人员的考评周期。

7. 成果归属

不偏不倚的跨学科研究成果归属管理制度能保障跨学科科研进程的有序推进。跨学科成果一般包括领域内权威期刊论文发表、重大专利转化，重大项目突破以及科研项目获奖等。学校应该有意淡化这些科研成果的署名排序作用。当参与项目的科研人员进行职称评定、项目申报时，其所参与科研项目中的所有参与科研人员均可共享跨学科成果。当跨学科成果涉及专利进行成果价值转化时，所有参与项目的科研人员应该共同分配所得利益。此时，高校可以根据投入产出对等原则，由科研人员的主聘单位和联聘单位或者相关参与人员共同确定所有参与人员的收益分配比例，以激励每个参与其中的科研人员能更好地投入今后的跨学科科研研究中。

2.3　跨学科组织类型

跨学科的知识整合与协同创新的组织类型包括项目型、集成型、产学研型等形式。

2.3.1　项目型组织

1. 项目型组织的构成要素

项目型组织能够通过临时的、跨学科的团队结构来实现特定创新目标。项目型组织往往在动态的环境中运作，能够灵活应对变化，并促进知识整合与协同创新，其示意图如图 2－2 所示。

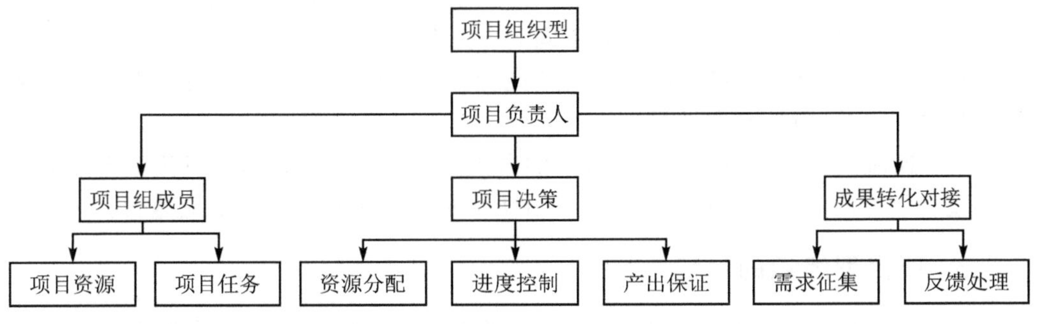

图 2－2　项目型组织类型

（1）项目负责人。项目负责人是项目型组织的关键，主要职责是规划、组织、协调以及监督项目的执行。项目负责人应具备较强的领导力和决策能力，可以有效管理跨学科团队并激励团队成员。

(2) 项目团队成员。团队成员通常来自不同的专业和部门，具备不同的技术和行业经验。他们在项目组内各司其职，根据项目需求执行具体的工作任务。

(3) 项目资源。项目资源包括人力、资金、设备和信息等，在项目实施初期，要使资源能够有效配置，以防资源不足导致效率低下问题。

(4) 项目任务。项目的目标是明确、具体的，并且应与组织的战略目标紧密相关。目标的设定要能促进知识的整合，任务分配要清晰准确，保证每个团队成员了解自己的职责。

(5) 项目决策。项目决策主要是指项目负责人和团队成员在项目过程中需要做出的一系列决策。

(6) 资源分配。资源分配是确保项目任务能顺利进行的关键环节。项目负责人要根据项目需求合理分配资源。

(7) 进度控制。项目负责人通过进度控制来保证项目按时完成，并随时进行调整。

(8) 产出保证。要保证项目成果符合预定指标，实现高质量技术创新。

(9) 成果转化对接。对接包括需求收集和反馈处理，项目负责人和团队成员需要与成果转化机构保持密切沟通，从而使项目成果能够满足转化需求。

(10) 需求收集。需求收集的准确性直接关系项目的成功，要对需求部门的具体要求进行准确、详细记录。

(11) 反馈处理。要及时对需求部门的反馈意见进行调整，从而促使项目目标有效达成。

2. 项目型组织的基本特征

(1) 临时性。这是项目型组织的最显著特征，每个项目组通常在一个特定的时间内，为了达成特定的目标而进行组建。一旦项目目标达成，项目组就会解散。项目型组织的成员来自不同的部门，具有不同的专业背景和实践经验。

(2) 目标导向性。项目型组织具有明确的项目目标，这些目标与组织的整体战略目标密不可分，目标导向性强。

(3) 灵活性。项目型组织具有较高的自主决策权，一般来说，项目负责人能够自主调整项目方向和资源分配。这种灵活性大大促进了项目研究的响应速度。

3. 项目型组织的优势

(1) 跨学科合作。在团队中，不同的专业背景和技能可以从多个维度为问题提供解决方案。通过跨学科团队的合作，大大促进了不同学科知识的融合，并提高了创新质量。

（2）高效率。组织结构扁平化，决策链短，从项目启动，规划到执行，收尾，每个阶段都有清晰的目标和任务，这能够大大促进执行效率的提高。

2.3.2　集成型组织

集成性组织架构如图 2－3 所示。

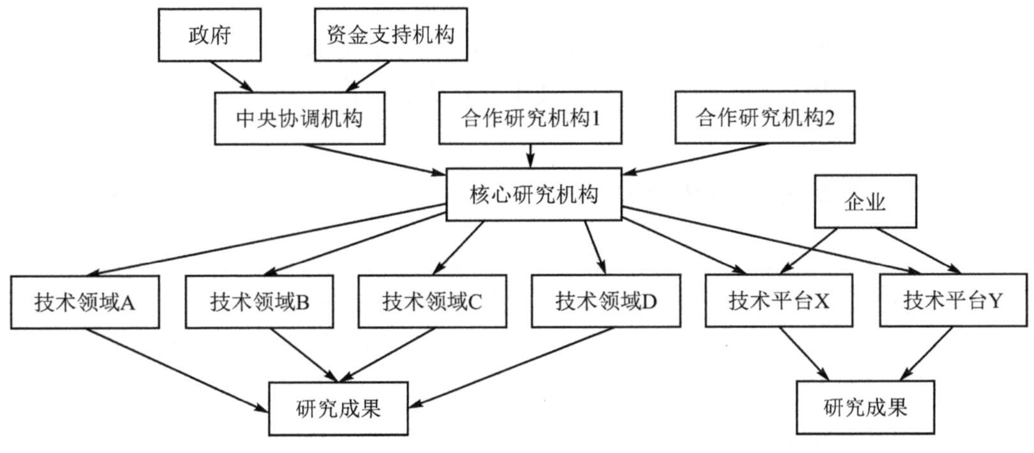

图 2－3　集成型组织类型

1. 集成型组织的构成要素

（1）政府。政府在集成型组织中扮演政策制定者和资金提供者的角色，主要负责制定科技创新宏观政策，明确创新目标，以及通过财政补贴、税收优惠等方式为协同创新提供的资金支持。同时，政府能够保证协同创新活动与国家战略目标相一致。

（2）资金支持者。资金支持者包括政府、企业等。它们能为整个创新过程提供资金保障，分担项目风险，从而保证整个创新过程能够长期稳定运转。

（3）中央协调机构。它是集成型组织模式的核心，能够进行创新网络的协调和管理工作。其主要职能包括制定战略规划、协调不同研究机构之间的合作、整合技术、资金和人力等资源，从而确保各个成员都能高效工作。

（4）合作研究机构（图 2－3 中包括合作研究机构 1、2）。合作研究机构可以是大学、研究院所或其他科研机构，这些合作机构可以提供跨学科的知识与技术支持，大大提升创新效率。

（5）核心研究机构。它是创新的主要执行者，通常是国家级或地区的重点科研机构。在中央协调机构的指导下，其开展基础研究和应用研究，与其他合作研究机构共享资源，协同攻关技术问题，为整体创新过程提供科研支持。

（6）企业。企业是技术的实际应用者和市场需求方，企业参与技术的开发和测试，提供市场反馈，从而推动技术从实验室走向商业化，企业能够促进科研成果转化为实际产品和服务。

(7) 技术领域(图 2-3 中包括技术领域 A、B、C、D)。表示组织在多个细分技术方向均开展研究,深入各个相关领域,突破关键技术瓶颈,为创新活动提供理论支持。

(8) 技术平台(图 2-3 中包括技术平台 X、Y)。技术平台为企业对技术的应用提供高成熟度的技术解决方案,包括原型设计、性能测试、商业化路径探索等,是连接科研与市场的重要桥梁。

(9) 研究成果。是指协同创新的最终产出,如发表文章、专著、授权专利或其他技术转化成果或服务,通过技术平台将技术转化为具体产品或服务,从而推动科技进步,并满足市场需求。

2. 集成型组织的基本特征

(1) 整体性。集成型组织能够通过中央协调机构和核心研究机构来实现资源配置的优化,避免资源分散,极大程度上提高了资源利用效率。

(2) 高效性。集成型组织利用清晰的分工与高效的管理,加快创新成果的产出和转化速度,进而提高创新效率。

3. 集成型组织的优势

(1) 协同效应。通过集成不同学科背景研究人员的知识和能力,跨学科团队可以更快地整合并应用不同领域的知识,实现协同创新,并得到 1+1>2 的效果,促进新技术的产生,加速创新过程。

(2) 风险分担。政府和企业联合提升组织的资金稳定性,避免因单一项目失败而受到重大影响。

(3) 集中力量办大事。在政府部门政策支持、政府或企业资金支持、专业职能部门统筹的联合作用下,核心研究机构(如项目依托单位)与各合作单位优势互补、协同创新,为提高项目成功率和资助效能提供保障。

2.3.3 产学研型组织

产学研型组织架构如图 2-4 所示。

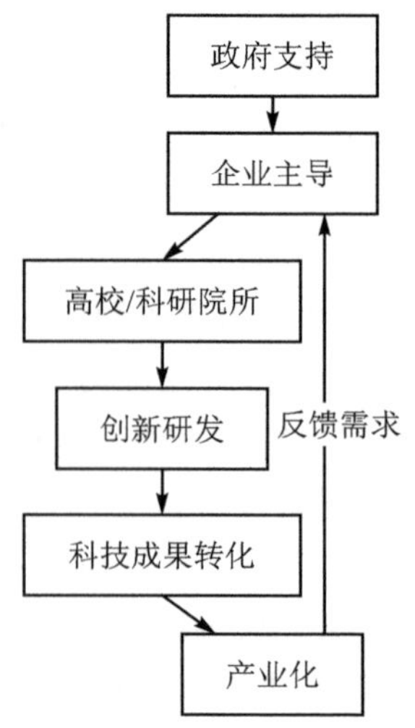

图 2-4 产学研型组织类型

1. 产学研型组织的构成要素

(1) 政府支持。是整个组织的基础,它为产学研组织的协同创新提供了政策引导与支持。在这一组织中,政府不仅能够通过投入财政资金、实施税收优惠政策以及完善法律法规为协同创新保驾护航,还能够对科研整体方向进行规划与调控，引导高校、科研院所以及企业将科研聚焦于国家需求和产业发展的重点领域。

（2）企业主导。这是整个组织的核心，企业不仅负责研发投入，还要根据市场需求识别技术创新的方向，并将高校和科研院所的研究成果进行落地转化。企业作为桥梁，连接着技术研发和市场，在资源整合和需求对接中发挥着重要作用。同时，在这一过程中，企业能够通过市场反馈为后续研发提供方向，进一步优化整个创新过程。

（3）高校与科研院所。它们是提供基础研究和技术支持的媒介，以自身的科研能力和学术资源为基础，通过与企业的协同合作，进而完成技术的创新。高校与科研院所是知识和技术的主要来源，其研究成果通过与企业的合作迅速在市场得到应用，从而避免了科研成果“落地难”的问题。这种产学研组织模式将理论研究与实际应用紧密结合，这样既能满足企业对技术的需求，也拓宽了学术研究的应用场景。

（4）创新研发。它是整个创新过程的核心环节，即通过企业、高校与科研院所的合作，将各个创新要素聚集在一起，集中突破技术难题。此外，研发活动需要充分考虑市场需求和产业应用，以使得技术成果能够直接服务于实际生产。

（5）科技成果转化。科研成果通过这一环节进入市场，这一环节需要企业主导实施，将高校与科研院所的研究成果与市场需求对接，实现从技术到产品的转化。成果转化既推动了创新的实际应用，又使高校和科研院所的研究成果得以体现，实现了多方共赢。

（6）产业化。研究成果最终会进入产业化阶段，这一阶段是将研究成果规模化生产，使其成为推动产业升级和企业发展的重要动力。在此过程中，市场需求再次通过反馈机制传递回企业，进一步完善了整个知识整合协同创新过程，并为后续的创新研发提供新方向。

2. 产学研型组织的基本特征

（1）多主体协同性。产学研型组织强调政府、企业、高校与科研院所以及新型研发机构之间的紧密合作，集聚各方资源和能力，而形成技术研发、转化和应用的完整创新生态。

（2）区域经济导向性。产学研型组织不仅关注技术的创新与转化，还能够通过科技成果转化推动区域产业升级，促进区域内上下游企业协同形成产业集群。

3. 产学研型组织的优势

（1）降低创新成本。产学研型组织通过整合政府、企业、高校、科研院所和新型研发机构等多方资源，形成强大的创新生态系统。这种多主体协作模式避免了资源的重复投入，能够实现最优配置。

（2）动态适应性强。产学研型组织利用动态反馈机制，保证了创新链条的灵活适应性。市场需求的变化能够迅速反馈到研发环节，从而快速调整研究方向。这使产学研型组织能够在技术快速迭代的时代保持高效运行，避免资源浪费，同时提升整体创新效率。

（3）创新主体深度融合。产学研型组织通过模糊组织边界，推动各创新主体之间的深度融合，打破了传统创新体系中“各自为战”的局面，形成了紧密合作的创新共同体。

2.4 小结

跨学科整合创新的根本是知识协同创新，创新最开始必然是起源于理论知识的创新，理论知识的创新是所有创新的根本之源，只有先构架起知识的蓝图才能为未来的各方面创新提供方向和保证。在创新过程中，各种学科知识基于专业基础进行发明革新，富有学科特色，包含学科专有知识。而在当今日新月异的社会变化中，跨学科方兴未艾，各种应用场景需要采纳大量多领域的创新知识融合成果，强烈要求各学科进行知识整合，并进行集合式创新应用，在这一过程中知识的交融整合显得尤为重要。完善跨学科整合创新的组织结构体系，建议在以下方面提供支撑与保障：

1. 政策与制度支撑

对于通过加强企业的协同创新以增强企业的竞争力，政府政策的制订和实施起着不可或缺的作用。因此，跨学科研究协同创新的顺利进行离不开政策与制度的有力保障，这些支持构成了顶层设计的核心。政策需要在组织管理上进行创新。由于这类研究往往涉及多领域、多机构复杂协作，传统的行政管理模式可能不适合跨学科研究，因此跨学科整合应优化科研项目的申请流程、资金分配机制和审批程序，减少不必要的行政壁垒，增强科研机构的自主性。此外，制度层面也需要为跨学科协作提供保障。通过透明、公平的知识产权分配方案，既能保障各方的合法权益，又能推动成果的转化和共享。通过一系列政策和制度创新，可为跨学科协同创新创造一个稳定、包容和高效的外部环境。

2. 人才与团队支撑

研发人才是协同创新的基础，支撑跨学科团队的构建和人才的培养是实现协同创新的核心条件，跨学科研究需要具备复合背景的人才，他们既需要拥有深厚的专业知识，又需要具备广泛的学科视野和跨领域的协作能力。高校和科研机构在培养复合型人才方面肩负着重要责任，跨学科教育可以通过设立交叉学科专业、开设相关课程和提供双学位联合培养项目来实现。在课程设计上，应注重培养学生对多个学科的基本理论和方法论的掌握，同时通过实际项目和研究训练，培养他们解决跨学科问题的能力。快速发展的科学技术需要研究者持续更新知识体系，因此，终身学习的理念也需要融入科研人员的职业发展中。在组建跨学科团队时，应注意团队成员的多样性，确保学科背景的互补性。此外，团队的年龄结构也应平衡，资深学者能够提供丰富的经验和深刻的洞察力，而青年学者则具有更强的创新能力和活力，两者的结合能够让团队保持长期的稳定和可持续性。国际化也是人才与团队支撑的重要部分，全球范围内的优秀学者能够通过联合实验室、跨国研究机构等平台参与到跨学科研究中，这不仅提升了团队的整体水平，还使项目具有更多的文化和学术多样性。

3. 资金与资源保障

资金投入是协同创新顺利开展的前提，跨学科研究的高效运行离不开充足的资金和资源支持。由于跨学科研究往往需要整合多个领域的设备、实验室和技术，因此资金需求远高于单一学科研究。为了满足这些需求，资金来源必须多样化。政府是跨学科研究的主要资助者，可以通过设立专项基金、重大科研计划等形式，持续为跨学科研究提供稳定的资金支持。除了政府资助，企业也是重要的资金来源。企业可以通过产学研合作，提供资金支持和市场需求的反馈，促进研究成果的快速转化。资金机制的设计也需要考虑灵活性和长期性，一方面，跨学科研究由于涉及多学科合作，可能会出现研究方向的调整和预算的重新分配，因此资金拨款机制应具备一定的弹性，以适应研究过程中的动态变化；另一方面，跨学科研究项目的周期通常较长，单一年度拨款模式可能无法满足需求，因此需要建立长期资助计划。

第3章　跨学科整合创新绩效评价

3.1　引　言

随着科学技术不断发展进步，仅有单学科专业背景的个人很难实现重大的创新突破，现在各学科相互交叉、渗透、整合与创新已经成为高校跨学科发展的主要研发趋势。为了适应科学研究发展的这种趋势，跨学科科研团队的组织方式逐渐兴起。之前在企业界很常见的“团队”方式逐步被引入科研领域，合作研究、团队攻关已经成为现代社会生产条件下科学技术研究活动的常规模式。

近年来，组织间关系和网络的研究逐渐深入，一种基于开放和合作基础上的创新模式—“整合创新”得到重视。协同创新是以知识增值为核心，企业、政府、知识生产机构和中介机构等为了实现重大科技创新而开展的大跨度整合创新模式。整合创新是通过国家意志的引导和机制安排，促进企业、大学、研究机构发挥各自的能力优势、整合互补性资源、实现各方的优势互补，加速技术推广应用和产业化，协作开展产业技术创新和科技成果产业化活动是当今科技创新的新范式。跨学科科研团队成员间通过整合不同的学科综合知识，形成宽广厚实的知识群体，从多方面、多角度思考问题、解决问题，相互交流，协同攻关，推进科研创新工作的解决。

教育部对高校跨学科的整合创新非常重视。早在2012年，教育部就启动实施了“高等学校创新能力提升计划”（简称“2011计划”），4年为一个周期，旨在建立一批“2011整合创新中心”，大力推进高校与高校、科研院所、行业企业、地方政府以及国外科研机构的深度合作，探索适应于不同需求的跨学科整合创新模式，营造有利于整合创新的环境和氛围，此举措足以说明国家对高校整合创新的重视。2012年12月17日，教育部以教技〔2012〕14号印发《关于进一步加强高校科研项目管理的意见》。为贯彻党的十八大精神，落实《中共中央　国务院关于深化科技体制改革加快国家创新体系建设的意见》和《国家中长期教育改革和发展规划纲要（2010—2020年）》要求，充分发挥高校在自身科研管理与监督工作中的主体作用，提高科研管理水平，推动高校科技体制改革，促进高校科研事业健康可持续发展，并对进一步加强高校科研项目管理工作提出了意见。2018年，教育部启动“高等学校基础研究珠峰计划”，在“双一流”学科里布局建设一批前沿科研中心，聚焦重大前沿科学问题和关键核心技术基础研究短板，面向世界汇聚一流人才，建成高校基础研究领域的大团队、大平台，成为国家基础研究的战略力量，目前已经布局了14个前沿科学中心，包括脑科学、量子科学、合成生物等前沿领域。高校牵头建设的 10 余项国家重大科技基础设施已全部开工建设。此外，教育部还加强数学、物理等基础学科创新能力建设，在高水平大学建设一批数学中心、前沿物理中心和生命科学中心，打造基础研究和人才培养的高地；积极推进与国际高水平大学和研究机构在基础研究领域的科研合作；提升高校开展基础研究的能力，建设一批野外科学观测台站和科技资源平台。以上教育部的一系列举措都足以见其对高校跨学科科研整合的重视以及对高校跨学科科研创新的支持。2025 年发布的《教育强国建设规划纲要（2024—2035 年）》中明确提出，要实施基础学科和交叉学科突破计划，强化高水平研究型大学在基础研究和重大科技突破中的作用，推动学科交叉融合再创新，特别是在战略亟需和新兴领域，探索国家拔尖创新人才培养新模式，推进理工结合、工工贯通、医工融合、农工交叉等，建强国家卓越工程师学院、国家产教融合创新平台等。

跨学科的整合创新绩效是指跨学科科研团队在有意识地运用新的观点、新的技术或者方法和新的模式或机制有效进行资源协调、融合、整合、对接、共享来提高团队创新的产出。本章以高校为例，通过建立评价指标体系，在确定权重基础上，得出跨学科科研团队整合创新绩效，具有重要的研究价值。

3.2　设计原则与指标构建

3.2.1　评价体系设计原则

建立完善的评价指标体系是确保科研绩效评价科学、合理、公正的重要保证与关键所在，因此，在设计具体指标时，应根据客观实际与发展目标恪守以下原则：

（1）导向性。指标体系的设计应紧密结合有关的科技发展战略、规划、政策，通过指标选择、权重大小和评价标准的合理设计与不同侧重，有计划地引导科研活动方向、方式和领域，促进整体科技发展目标的实现。

（2）科学性。评价指标体系必须能够客观、全面地反映科研绩效的基本内涵，应通过一定的层级设定体现目标与指标间的相互关系，设定的指标也必须适宜实际操作，过于宽泛或者过于细化都将影响评价过程与结果的科学性。

（3）可操作性。各项绩效指标的数据应具有可采集性和可量化的特点，并尽可能简化。可操作性原则包括两层含义：一是资料数据的易得性；二是指标容易量化，对定量指标要保证其可信度，对定性指标应尽量适用。

（4）定性评价与定量考核相结合的原则。科研绩效评价中的定量指标通过量化考核能够较为直观地反映出直接的效果和效益，但管理或人文科学类研究则往往不会产生直接的经济效益，实验性的基础研究也往往在短期内看不出直接的社会经济效果，因而评价体系的设定务必采用定性评价与定量考核相结合的方法，以使各类指标都便于考查。

关于“绩效”是指人们实践活动所产生的、与劳动耗费有对比关系的、可以度量的、对社会有益的结果。可选择从科研条件、科研产出、人才建设与科研合作交流、成果转化与科技推广服务 4 个方面来设计评价指标体系。

(1) 科研条件。高校属于非营利性事业单位,其科研与管理的各项经费主要来源于国家或地方政府部门拨款和学生缴纳的学费,在某些高校较多的地区,有的高校受到的支持力度不够,存在经费短缺的问题。

(2) 科研产出。科研产出是科研单位研究水平与创新能力的重要体现,也是实现科技自主创新的坚实土壤,属于绩效考核关注的重点内容。高校中的科研产出是指在某评价阶段内,在一定科研投入基础上,各单位或专业所取得的各类科研、学术成果,包括发表的论文、编撰的著作或译作、获奖成果、被有关领导采纳的咨询建议、各类知识产权、鉴定成果等。其中,获奖成果包括各层级的科技成果奖;专利、品种、标准等一律以有关部门正式发布为准。

(3) 人才建设与科研合作交流。人才培养与科研合作交流是科研活动有效运行的重要保障,一方面能够体现科研单位的社会认同度,另一方面也是提升科研水平与学术能力的重要环节,故列入考查范围。

(4) 成果转化与科技推广服务。成果转化是通过将所创造的科研成果转化为现实科技生产力,进而产生一定的综合效益,实现科技服务的目的,故也应成为绩效考核的重要维度。

3.2.2 评价指标构建

1. 方法介绍

进行综合评价所用的方法为层次分析法,简称 AHP,是美国运筹学家匹茨堡大学教授萨蒂于 20 世纪 70 年代初,在为美国国防部研究“根据各个工业部门对国家福利的贡献大小而进行电力分配”课题时,应用网络系统理论和多目标综合评价方法,提出的一种层次权重决策分析方法。层次分析法是指将与决策总是有关的元素分解成目标、准则、方案等层次,在此基础之上进行定性和定量分析的决策方法。该方法是在复杂决策过程中引入定量分析,利用决策者在两两比较中给出的偏好信息进行分析与决策支持,使评估过程具有很强的条理性。

使用层次分析法进行综合评价时,第一步需要建立层次结构模型,即确定评级体系的指标,第二步需要构建判断(成对比较)矩阵,此时会用到九级标法,第三步则可用具体的数据分析软件进行分析。关于第二步用到的九级标法,接下来会详细介绍。“九级标度法”所述属性为心理学的标度法,方法是相对差别。心理学研究表明,人们通过感觉思维比较判断两个对象的相对差别是可能的，而且同时比较时能区别差异的心理学极限为 7±2 个。9 级标度法也是经过实验检验是可行的，表 3-1 为各级标度含义说明。

表 3-1　九级标度的标度含义

标　度	含　义
1	表示两个因素相比，具有相同重要性
3	表示两个因素相比，前者比后者稍重要
5	表示两个因素相比，前者比后者明显重要
7	表示两个因素相比，前者比后者强烈重要
9	表示两个因素相比，前者比后者极端重要
2,4,6,8	表示上述相邻判断的中间值
倒数	若元素 A 与 B 相比的标度为 N，则元素 B 对 A 相比的标度 $1/N$

2. 指标体系与评价标准

综合前人的研究，我们建立了一个多维度的高校科研团队绩效评价指标体系，分别由高校跨学科科研团队知识整合与协同创新投入、高校跨学科科研团队知识整合与协同创新的条件、高校跨学科科研团队知识整合与协同创新的环境、高校跨学科科研团队知识整合与协同创新绩效。将这些一级指标进一步细分为高校跨学科科研团队创新科研经费投入、高校跨学科科研团队创新科研人员投入、高校跨学科科研团队教师职称、高校跨学科科研团队教师知识整合与协同创新的能力、高校实验室数量、高校科研团队的项目数量、有关高校科研团队创新的制度政策、科研团队的文化氛围、科研团队激励机制和利益分配机制、科研团队发表论文数、科研团队发表著作数、科研团队发明专利数、科研团队所带的毕业生从事科研的人数这些二级指标。具体指标及其含义见表 3-2 所列。

表 3-2　指标体系与评价标准

	一级指标	二级指标	评价标准
高校跨学科科研团队评价指标	高校跨学科科研团队整合创新资源投入	高校科研团队创新科研经费资源	高校投入跨学科科研项目上的经费占高校年总经费的比例
		高校科研团队创新科研人员资源	高校内部在跨学科科研团队中从事相关工作的领导、教师、学生和行政参与人员占高校师生总人数的比例

续表 3－2

	一级指标	二级指标	评价标准
高校跨学科科研团队评价指标	高校跨学科科研团队整合创新条件	高校跨学科科研团队教师职称	根据团队内教师职称等级进行量化
		高校跨学科科研团队协同创新的能力	根据该高校跨学科团队发文量、出版著作数量和发明专利量来量化衡量
		高校跨学科科研实验室数量	评估期内高校跨学科团队可利用的实验室数量
		高校跨学科科研团队的项目数量	高校跨学科科研团队能申请到的项目数量
	高校跨学科科研团队整合创新环境	有关高校跨学科科研团队创新的制度政策	该指标由跨学科科研团队成员匿名打分量化
		跨学科科研团队的文化氛围	该指标由跨学科科研团队成员匿名打分量化
		跨学科科研团队激励机制和利益分配机制	该指标由跨学科科研团队成员根据自己是否满意进行匿名打分量化
	高校跨学科科研团队整合创新绩效	跨学科科研团队发表论文数	跨学科科研团队发表论文数占学校总发表论文数的比例
		跨学科科研团队发表著作数	跨学科科研团队发表著作数占学校总发表著作数的比例
		跨学科科研团队发明专利数	跨学科科研团队申请/授权专利数占学校总申请/授权专利数比例
		跨学科科研团队所带的毕业生从事科研的人数	跨学科科研团队所带的毕业生从事科研人数占科研团队所带毕业生总人数的比例

接下来，将详细介绍这 4 个一级指标及其下属二级指标的含义。

(1) 高校跨学科科研团队整合创新资源

高校跨学科科研团队整合创新投入是绩效评价体系的一级指标，根据字面意思也可知其为高校对于跨学科科研团队以整合创新为目的进行的投入也是一种成本。高校的科研收入包括国库拨款以及社会或个人赞助、捐助等。基于投入产出视角的高校科研团队绩效评价体系研究将高校科研团队投入和高校科研团队产出作为一级指标。吕亮雯认为科研创新投入水平指数是构建协同创新绩效评价体系的重要部分，主要包括科技活动人员占总从业人员的比例，科研活动经费支出占总支出的比例和高级职称人员占从业人员的比例等指标。现有研究将高校跨学科科研团队知识整合与协同创新的投入作为高校跨学科科研团队知识整合与协同创新绩效评价体系的一级指标。

高校跨学科科研团队创新科研经费投入和高校跨学科科研团队创新科研人员投入是高校跨学科科研团队协同创新投入下属的二级指标。高校跨学科科研团队创新经费投入是指目标高校投入跨学科创新科研项目上的经费占高校年总经费的比例。

高校以及企业科研所或其他利益相关者可以通过高校跨学科科研团队科研经费比例的变化判断过去一年以及一定周期内高校是否在高效地进行协同创新。将高校跨学科科研团队的创新经费投入纳入高校跨学科科研团队知识整合与协同创新绩效评估体系中，可以帮助高校管理者合理分配资源，促使学校资源配置高效运行。基于 AHP 和 TOPSIS 的高校科研团队绩效评价研究将科研总经费作为二级指标纳入其科研成果的一级指标中。面向整合创新的高校科研绩效评价指标体系将高校科研经费投入、企业投入高校的科研经费、科研机构投入高校的科研经费、地方政府投入高校的科研财政经费统一纳入财力投入中作为投入要素衡量协同创新评价的绩效。

高校跨学科科研团队创新科研人员投入是指高校内部在跨学科科研团队中从事跨学科相关工作的领导、教师、学生和行政人员参与占高校师生总人数的比例。具体公式为高校从事跨学科科研团队知识整合与协同创新人员数量/某高校师生总人员×100%。

(2) 高校跨学科科研团队整合创新条件

高校跨学科科研团队整合创新的条件是高校跨学科科研团队知识整合与协同创新绩效评估体系的第二个一级指标。高校跨学科科研团队协同创新所能取得的成果和高校所能进行协同创新的条件有必然和直接联系。高校跨学科科研团队协同创新的条件这个一级指标所包含的二级指标有高校跨学科科研团队教师职称、高校跨学科科研团队知识整合与协同创新的能力、高校跨学科科研实验室数量、高校跨学科科研团队能申请到的项目数量这 4 个二级指标。

高校教师的职称是衡量高校教学水平及整个师资力量的重要手段，同理，高校跨学科科研团队的教师职称也是反映高校跨学科科研团队进行协同创新条件的重要指标。根据产学研协同创新项目绩效评价指标体系研究，高校教师知识增长、能力提升与经验丰富程度可以作为隐形效益中人才效益衡量产学研协同创新的绩效评价指标。高校跨学科科研团队协同创新的能力也是影响高校跨学科科研团队协同创新绩效的重要因素，对于这一指标可通过该团队以往发文量、出版著作数量和发明专利量来衡量。高校跨学科实验室数量是重要指标，实验室提供实验环境与条件、支持实验操作与设备使用、支持理论与模型验证、推动技术转化与应用是科学研究的必要条件。高校科研团队的项目数量也能对高校跨学科科研团队协同创新起到一定的激励与促进作用，因此高校跨学科科研团队的项目数量也是影响高校跨学科科研团队知识整合与协同创新的条件。

综合上述的原因，提出将高校跨学科科研团队教师职称、高校跨学科科研团队整合创新的能力、高校跨学科实验室数量、高校跨学科科研团队的承担项目数量作为高校跨学科科研团队协同创新的条件下属的二级指标。

(3) 高校跨学科科研团队整合创新环境

高校跨学科科研团队整合创新的环境也是影响高校跨学科科研团队整合创新绩

效的重要因素，因此提出将高校跨学科科研团队整合创新的环境作为高校跨学科科研团队协同创新绩效的评估体系的一级指标，高校跨学科科研团队整合创新的环境这一一级指标包括有关高校科研团队创新的制度政策、跨学科科研团队的文化氛围和跨学科科研团队激励机制和利益分配机制这三个二级指标。

有关高校科研团队创新的制度政策也是高校跨学科科研团队协同创新绩效的影响因素。对于任何一个组织而言，如果没有一定的组织制度，其团队成员就像一盘毫无凝聚力的散沙，不仅不利于科研活动进行，还影响跨学科科研团队协同创新的绩效。跨学科科研团队的文化氛围也是异常重要的。一个科研团队能否达到绩优，团队文化凝聚力是一个要点。良好的团队文化有助于形成共同的信念目标，有助于整体创新力的提高，有助于创造浓厚、宽松、自由的科研环境。剑桥大学校长曾经指出，剑桥能留住人才的关键不是好的工资待遇，而恰恰是浓郁的学术氛围和宽松的发展环境；其次，基于团队各个成员的角色不同，成员间需通过共享知识、信息、资源来协调科研活动，以此产生一加一大于二的团队效应。跨学科科研团队激励机制和利益分配机制也是高校能有效进行跨学科科研团队整合创新绩效的重要因素，同时，科学合理的激励机制和利益分配机制也有助于跨学科科研团队科研创新活动的进行。高校科研团队创新的制度政策、跨学科科研团队的文化氛围和跨学科科研团队激励机制和利益分配机制这几个指标可以通过该高校跨学科科研团队成员匿名打分来具体量化。

(4) 高校跨学科科研团队整合创新产出绩效

高校跨学科科研团队知识整合与协同创新的产出这一指标是衡量高校跨学科科研团队协同创新绩效的重要指标。通过整理文献，我们发现将协同创新产出作为衡量高校协同创新绩效评价的文献有很多。而且众多研究者都将申请的专利数、科技成果转化、科技论文的发表等作为协同创新投入和产出的衡量指标。可将科研团队发表论文数、科研团队发表著作数、科研团队发明专利数、科研团队所带的毕业生从事科研的人数作为高校跨学科科研团队协同创新的产出这一指标下属的二级指标。

科研团队发表论文数、科研团队发表著作数、科研团队发明专利数都是高校跨学科科研团队进行知识整合与协同创新进而产生成果的重要体现方式，众多学者也将这些指标纳入科研团队协同创新绩效评价体系中。另外，也有研究将科研团队所带的毕业生从事科研的人数，纳入高校跨学科科研团队知识整合与协同创新绩效的评估体系中，原因是科研团队所带的毕业生从事科研的人数也能体现高校跨学科科研团队协同创新的意义，这一指标也能说明高校跨学科科研团队进行协同创新这项工作的价值。科研团队发表论文数是指跨学科科研团队发表科研论文人数占学校发表论文总数的比例；科研团队发表著作数是跨学科团队发表论文数占学校总发表论文数的比例；科研团队发明专利数是指跨学科科研团队申请/授权专利数占学校总申请/授权专利数；科研团队所带的毕业生从事科研的人数是跨学科科研团队所带的毕业生从事科研的人数占科研团队所带毕业生总人数的比例。

3.3　绩效评价与分析

3.3.1　构建层次模型与权重设置

1. 构建结构层次模型

我们用层次分析法进行高校跨学科科研团队知识整合与协同创新的绩效综合评价，同时用层次分析法对之前所建的指标进行权重赋值。用层次分析法进行综合评价分析时，第一步要构建层次结构模型，第二步要构造判断（成对比较）矩阵，最后一步则可用具体软件进行层次分析。接下来，我们将根据上述的评价指标构建层次结构模型，具体模型如图 3－1 所示。

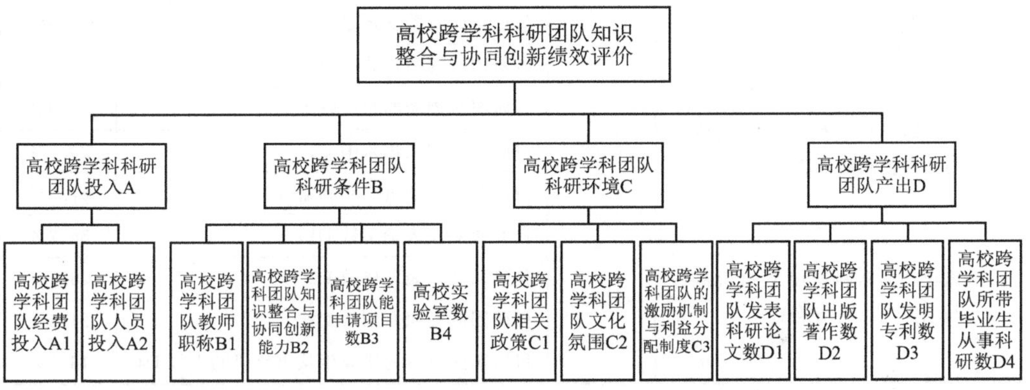

图 3－1　用评价指标构建层次结构模型

目标层为高校跨学科科研团队知识整合与协同创新的绩效评价；准则层为待评价的一级指标，包括为高校跨学科科研团队知识整合与协同创新的投入、高校跨学科科研团队知识整合与协同创新的条件、高校跨学科科研团队知识整合与协同创新的环境、高校跨学科科研团队知识整合与协同创新的产出，分别用 A、B、C、D 表示；指标层为待评价的二级指标，包括高校跨学科科研团队创新科研经费投入、高校跨学科科研团队创新科研人员投入、高校跨学科科研团队教师职称、高校跨学科科研团队知识整合与协同创新的能力、高校科研团队的项目数量、高校实验室数量、有关高校科研团队创新的制度政策、科研团队的文化氛围、科研团队激励机制和利益分配机制、科研团队发表论文数、科研团队发表著作数、科研团队发明专利数、科研团队所带的毕业生从事科研的人数，分别表示为 A1、A2、B1、B2、B3、B4、C1、C2、C3、D1、D2、D3、D4。

2. 指标体系权重设置

对跨学科大学的 50 名专职教师进行问卷调查，整理出 9 名正教授、19 名副教授及 22 名讲师，得出权重及高校跨学科科研团队协同创新绩效评价体系，见表 3－3 所列。

表 3－3　绩效评价指标体系

<table>
<tr><td rowspan="14">高校跨学科整合创新评价体系</td><td>一级指标</td><td>权　重</td><td>二级指标</td><td>权　重</td></tr>
<tr><td rowspan="2">高校跨学科科研团队整合创新资源 A</td><td rowspan="2">23.5%</td><td>科研团队创新科研经费投入 A1</td><td>59%</td></tr>
<tr><td>科研团队创新科研人员投入 A2</td><td>41%</td></tr>
<tr><td rowspan="4">高校跨学科科研团队知识整合与协同创新的条件 B</td><td rowspan="4">18.2%</td><td>科研团队教师职称 B1</td><td>12.8%</td></tr>
<tr><td>科研团队知识整合创新的能力 B2</td><td>47.5%</td></tr>
<tr><td>高校科研实验室数量 B3</td><td>19.5%</td></tr>
<tr><td>科研团队的项目数量 B4</td><td>20.2%</td></tr>
<tr><td rowspan="3">高校跨学科科研团队知识整合与协同创新的环境 C</td><td rowspan="3">8.6%</td><td>科研团队创新的制度政策 C1</td><td>16.9%</td></tr>
<tr><td>科研团队的文化氛围 C2</td><td>25.2%</td></tr>
<tr><td>科研团队激励机制和利益分配机制 C3</td><td>57.9%</td></tr>
<tr><td rowspan="4">高校跨学科科研团队知识整合与协同创新的绩效 D</td><td rowspan="4">49.7%</td><td>科研团队发表论文数 D1</td><td>35.2%</td></tr>
<tr><td>科研团队发表著作数 D2</td><td>26.4%</td></tr>
<tr><td>科研团队发明专利数 D3</td><td>21.5%</td></tr>
<tr><td>科研团队所带的毕业生从事科研的人数 D4</td><td>16.9%</td></tr>
</table>

3.3.2　跨学科绩效评价

对于科研产出的评测指标，一种是指论文、书籍、基金等科研成果的数量。《中国科技统计年鉴》和《高等学校科技统计资料汇编》等相关统计报告就采用科技成果获奖数、出版科技著作数、发表学术论文数、项目数量、知识产权数量和技术转移数及其收入等指标对科研人员的产出进行评价。吴杨、何光荣及何晋秋等人认为高校科研产出主要为发表的论文、科技著作及专利。杨希将国内论文、国际论文和专利授权数量作为科研产出的指标。二是数量加质量指标。邱均平和温芳芳以绝对发文量（第一署名）和相对发文量（署名）反映作者的科研产出数量（产出能力），及总被引频次、总下载频次、篇均被引频次、篇均下载频次反映作者及其科研产出的学术影响力，对科研产出进行统计测量。也有学者认为论文是科研产出的主要表现形式，其被引情况是评价科研产出的关键。Garfield 认为科学引文索引 SCI 收录及被引证的频次能够综合反映论文的质量。三是特殊的测度模型。根据经济学、管理学的有关理论，构建科研绩效的 DEA6 测度模型将科研绩效分解为技术效率、规模效率等类型。

根据对已有的研究文献进行分析归纳，发现评测科研产出质量的主要指标包括发表论文数量与质量、学术专著数量、专利授予量等。从资源整合的角度来看，认为选取跨学科组织、机构论文发表数量及学术专著数量、跨学科高校研究机构和社会产业领域组织所获专利授权量来衡量跨学科产出绩效较为合适。论文的发刊质量、被引频次及影响因子等指标是评价科研人员科研产出的关键。将跨学科团队中 SSCI、SCIE、EI 与中文核心期刊所检索收录的论文数量作为结果变量来衡量科研团队的绩效的一部分。

当前，我国跨学科学术活动主要依托以下 4 类平台展开：

第一，依托国家级重点实验室。该种组织多数承担国家级重大科研项目，这类科研项目大都是直接面向社会经济发展需要的跨学科研究课题。

第二，跨系、跨学科研究中心或研究所。这类跨学科学术组织包括国家级和校级研究中心或研究所。前者最常见的就是国家工程研究中心，后者则包括各个学校的各类形式的跨系、跨学科研究中心或研究所。

第三，独立设置的跨学科（交叉）研究中心。这是一种新型的大学跨学科学术组织，它是跨系、跨学科独立设置的科研实体，主要是针对某一主题领域（大型交叉研究课题）的科学研究，一般由研究中心统一调度，相关学院或学系联合参与进行。

第四，国家级与省级协同创新中心。这类跨学科研究组织是国家主导的多所高校合作的协同创新实体。该模式以人才、学科、科研三位一体创新能力提升为核心任务，增强高校创新能力发展的有效集成，鼓励不同高校间跨学科合作。

因此，按照上面陈述，我们随机选取四类机构的 5 个跨学科研究团队作为调查对象。为避免量纲影响，考虑使用数字经济指标进行表征，通过对数功效函数对原始数据进行标准化处理，并用熵权法确定各子系统中指标的权重值，具体公式如下：

$$H_j=-\frac{1}{\ln(mk)}\sum_i \frac{d_{ij}}{\sum_i d_{ij}}\ln\frac{d_{ij}}{\sum_i d_{ij}},W_j=\frac{1-H_j}{\sum_j(1-H_j)}$$

其中，H_j 代表信息熵；k 为统计年份；W_j 为子系统指标权重。

最后，将指标权重和标准化指标值相乘得到指标评价指数，具体公式如下：

$$U_i=\sum_i d_{ij}\times W_j(i=1,2,3)$$

其中，U_1、U_2、U_3、U_4 分别为发表论文、学术著作、专利授权、从事科研人数评价指数。计算综合得分，公式如下：

$$y_i=\sum_{j=1}^{m}\omega_j X_{ij}$$

通过构建跨学科整合创新绩效指标评价体系，并用熵值法测算权重见表 3－4 所列：

表 3-4 绩效指标及权重

一级指标	评价指标	权重
发表论文	调查团队发表论文数量	35.2%
学术著作	调查团队出版学术著作数量	26.4%
授权专利	调查团队获取专利授权数量	21.5%
科研人数	调查团队从事科研毕业生人数	16.9%

由表 3-4 可得结论:团队发表论文数所占权重最高,学术著作次之,授权专利更次,从事科研人数最低。说明跨学科机构团队的研究成果以论文为主,专利授权则有所欠缺,合理考虑理论成果的产品转化率较低。

由表 3-5 可看出 5 个跨学科研究团队的评分结果,所调查的各个团队得分相差不大,说明团队的跨学科协同创新水平相差不多,应多考虑合作与资源整合及共享,促进成果转化率的提升。

表 3-5 绩效指标评价体系结论

团队	得分	排名
一号	0.652	2
二号	0.324	4
三号	0.244	5
四号	0.699	1
五号	0.543	3

3.4 小 结

对跨学科绩效进行科学分析与评价,将有利于教育系统的整合创新高速发展。对国内目前的教育政策而言,建议区分国家级别与高校级别跨学科研究机制,以促进我国教育事业的发展和提高国家的创新能力。从国家层面来看,可以加强跨学科教育的政策支持,制定相关政策和法规,鼓励和引导高校开展跨学科教育和研究,建立跨学科教育和研究平台,提供必要的经费和资源支持。加强跨学科研究的支持,推动跨学科研究成果的应用和转化。从大学层面来看,建立跨学科教育和研究机制,打破学科壁垒,促进不同学科之间的交流与合作。推动课程改革。改革现有的课程体系,增加跨学科课程的数量和质量,培养学生的跨学科思维能力和创新精神。积极吸引和培养具有跨学科背景和经验的教师,提高教师的教学和研究能力,推动教师之间的跨学科交流与合作。国家层次与大学层次的跨学科教育与研究战略是相互关联、相互促进的。通过加强政策支持、推动人才培养和研究、建立跨学科教育和研究机制等措施,促进我国教育事业的发展和提高国家的创新能力。具体建议措施如下:

(1) 建立培育跨学科协作的战略规划和学术生态。制定长期、中期和短期的目标和计划,为跨学科教育与科研提供有力的政策和制度支持。制定积极的鼓励奖励政策,进行更多跨学科组织机构的建立和探索,例如研究中心、研究实验室、国际交流项目及云平台等。强调扩大高校科研自主权,赋予团队在科研方向、技术路线选择上的决策权,减少行政干预。优先支持多学科交叉项目,营造有利于团队发展的文化氛围,定期举办跨学科学术沙龙、工作坊,鼓励科研人员使用通用术语进行交流,减少专业壁垒。

(2) 建立合理有效的激励机制和公平可持续的激励机制。推动跨学科整合创新利益分配的公平和可持续性。设立跨学科创新奖项,并纳入职称评审加分项。应及时表彰和嘉奖在跨学科领域做出突出贡献的组织和个人,以鼓励跨学科研究的发展壮大。借鉴国外经验,推行项目负责人制(PI 制),赋予团队灵活的人财物支配权,允许动态调整研究方向与成员构成。建立数据共享平台,推动跨学科数据标准化,降低协作成本。

(3) 制定更加灵活的学术跨学科整合创新政策。针对不同学科领域和不同研究项目的特点,制定灵活多样的学术交流整合创新政策,包括资金支持、人才引进、知识产权保护等方面的政策措施,为跨学科研究及其整合创新提供更好的保障。开设交叉学科课程,培养“T 型人才”(兼具专业深度与跨领域视野)。例如,斯坦福大学“Bio-X 计划”联合生物与工程学科培养复合型研究者。

(4) 加强跨学科教育与研究的支持与投入。通过对跨学科组织或者课题的长期支持与投入,可以保证研究者与参与者得到与其工作绩效相匹配的各种待遇,从而使研究者与参与者全身心投入工作,提升工作效率的同时,建立跨学科教育与研究的监测与评估机制,及时发现问题并加以解决。

(5) 加强国际合作与交流。鼓励各个学科的教师学生参加国际间的合作交流项目,提高国际视野,吸取国外先进经验,拓展交流边界,打造跨学科研究的国际交流合作平台,获取多种资源的先进经验,以期为国内高校的跨学科教育发展谋求更广阔的未来。

第 4 章　跨学科整合创新耦合协同度

4.1　引　言

耦合协调理论是一种科学理论，用于评估不同因素或子系统之间相互作用和协调的程度。它被广泛应用于生态学、经济学和社会科学等领域，以了解复杂系统的整体表现和可持续性。耦合协调理论认为，一个系统由多个相互作用的子系统组成，其综合性是由子系统之间的耦合程度和协调程度共同决定的，耦合程度是指子系统之间的相互依存和影响力，而协调程度是指子系统行为一致性和协同作用的水平。因此用耦合协同度作为衡量指标对跨学科整合耦合协同程度进行测量具有代表性和科学性。耦合协调的指标体系包括以下几个要素：① 耦合度，衡量子系统之间信息、物质和能量交换的程度；② 协调度，衡量子系统行为之间的协同性和一致性；③ 综合指数，综合考虑耦合度和协调度，反映系统的总体综合性水平。

在科学研究不断深入的过程中，学科之间相互交叉，理论互相融合，边界日益模糊的特点逐渐显现，过去单个主体进行单一学科的研究不再适用于当下，这种模式资源消耗大，效率低，创新成果少，因此高校开始探索多个主体进行跨学科合作的整合创新模式，构建了高校整合创新评价体系。在新体系新模式下，高校团队之间资源共享、专业互补极大提高了高校整体的创新能力。如何测度科研主体之间以及科研资源之间的配合，以及它们是如何影响高校整合创新绩效是当前需要进行深入研究的问题。

高校科学性整合创新分为高校自主整合创新与高校对外整合创新两种模式，整合创新是在多个子系统之间相互作用，系统要素之间相互配合、互相影响、相互协同下形成的复杂合作、资源共享、优势互补的科研资源整合创新平台。目前，国内外学者对于高校跨学科整合创新有了很多研究，比如 Ilyong Kim 认为跨学科整合创新是由整个系统发生作用而产生的一种效应，这种效应需要将系统内外部的资源，如知识、信息、技术等资源整合到一起才能实现；Brian Morris 通过实证研究得出将社会网络的资源进行共享、优势互补，以大大提高高科技成果的产出率；Fusfeld HI 指出协同创新是一种新的创新运行模式，多个创新主体为了达到共同目标进而签订相互合作协议，将各自的创新资源投入其中；蒋明烨、许敏运用 DEA 模型从投入产出角度测量了高校协同创新效率；王丽、杨明欣、张玉清运用复合系统协同度模型评价了目前国内高校的协同创新水平；徐礼平以高校科研团队测度了高校协同创新绩效。

一方面，学者对于高校协同创新的研究大多以单一主体进行研究，缺乏将高校与其他主体进行联合的整合创新研究；另一方面，学者对高校整合创新绩效的评价大多从投入和产出视角入手，较少有从耦合协调度入手来对高校整合创新进行定量评价，而且大多数研究多以国家、省级为研究对象，缺乏以高校为主体的整合协同进行创新绩效测评。基于此，通过对高校整合创新的视角进行耦合协同度研究，将有助于各高校充分利用优势资源进行资源整合从而提高高校科研创新产出绩效与水平，明确各因素在整合机制中的相互作用，这对于各高校找准原因，提高整合创新绩效水平具有重要意义与深远影响。

对高校跨学科的整合创新的耦合协同度进行量化，具有重要的理论价值与现实意义。首先建立高校自主整合创新与高校对整合创新评价指标体系，运用相关数据测算高校子系统综合得分、耦合协调度以及高校协同创新能力，最后通过研究耦合协调度与高校协同创新能力的关系，能够发现大多数高校科研资源的整合问题，如果耦合协调度较低则需要改进，这源于耦合协调度对高校整合创新产出绩效具有正向影响。

4.2　跨学科度的度量方法

跨学科研究的重要性在于其能够打破传统学科之间的界限与壁垒，实现不同学科之间的交叉融合。跨学科研究具有复杂性的特征，这就决定了科学性的交流合作必然成为其主流的交叉融合模式。在进行跨学科研究时，首先需要进行跨学科内容的识别和判定，之后根据相关的测度指标来进行“跨学科程度即跨学科度”的测量、分析和研究。因此，各学科文献及相关成果的学科划分体系是进行跨学科研究的前提和基础。

目前，基本科学指标数据库 ESI 作为文献计量学领域常用的几种分类方案主要有 22 种学科分类体系；Web of Science(WOS)数据库包含 252 个学科分类体系；爱思唯尔(Elsevier)公司的 Scopus 学科分类体系以及 Glänzel 和 Schubert 于 2003 年提出的 the Leuven - Budapest(ECOOM)学科分类体系等。其中，ECOOM 学科分类体系建立在 WoS 学科类别的基础上，WoS 分类体系中的 252 个学科类别在 ECOOM 分类体系中不重复地映射为 16 个大学科领域或 68 个子领域。现有期刊学科种类较多，而各大学科领域设置方法、划分标准不同，这导致期刊内文献信息的学科属性难以判定，很难做到准确归类。此外，根据以往研究跨学科的概念往往被认为是不同学科的理论、方法和概念融合从而产生的一种新兴的具有跨学科属性的综合性学科。据以往研究，“学科”一词一直与大学中的专业和教学活动存在一定的关联性。如今，“跨学科”这一概念已经演变成一个广为流传的术语，此概念既包括有组织性学习的过程，也包括新知识系统化的产生。跨学科的产生离不开知识的生产，而关于学科的实证研究可以从三个角度开展，简单来说，就是“期刊”“人”和“想法（ideas）”。从本质上讲，这三种观点都依赖于多学科数据库中期刊的数据，此处所提及的“期刊”是基于子期刊或其母期刊的索引和分类的学科划分，即从期刊中进行文献的关键信息索引找到要使用的特定的数据。“人”主要采用作者、导师和从属关系作为基本的索引定义，而“想法（ideas）”主要是指研究时对语言使用，对宏观主题的把握以及对文章研究方法的确定等一系列关于认知的属性。

大多数关于跨学科的度量都基于所研究学科结构的科学计量而进行的一系列操作，许多研究是根据 Sugimoto 和 Weingart 提出的“期刊”视角进行相应检索。主要的研究方法为：将数据库中的大量期刊的文献数据采用计量学的方法进行整合，在此过程中可按照既定的文献类别或通过应用各种不同的索引方式或技术来搜索整合所用文献。此外，为了测度跨学科，学者经过研究提出了许多指标以及度量的办法，但只有少数研究真正检验了这些测量方法的有效性和可靠性。早在 1956 年，布里渊就提出过布里渊指数（Brillouin Index），这是重要引用测度指标，这个指标的提出能够更好测度搜索引用过程中的信息熵或不确定性，同时该指标更为综合性地考虑了跨学科引用中的差异性与均衡性。此后，有的学者用同样的方法进行研究整理，其得出的结论与之前有所不同，即选用不同的指标进行研究能够在此过程中反映出关于跨学科的多角度的概念，以及对不同概念的不同理解。Rafols 和 Meyer 在 2007 年采用期刊文献检索的方式研究跨学科时得到的结论是，基于期刊及其索引文献得到的数据测度跨学科性能够相对准确地描述跨学科内关于知识创造的属性。还有研究得出结论认为，搜集的数据集和选择方法的不一致可能会产生相互矛盾的结果。此外，波特（Porter）团队及其他学者通过调查研究提出新的概念，专门度（Specialization）指标，此指标主要用于测度作者所发表论文的学科的多样化的程度。Porter 等学者认为要想更好地对跨学科进行有效测度，最好从文章参考文献出发，研究具体参考文献的特性，对于不同的文章都可以重点考察其参考文献的不同学科类别，从而定义合适的测度指标进行详细测度。杨良斌和金碧辉等人关于文献计量的跨学科测度进行了广泛而深入的研究，并整合了多种跨学科测度的方法，其中包括对于跨学科度的多学科度测量，专业度测量以及跨学科度测量等。

1. 关于多学科度的测量

多学科度可以采用信息熵和统计熵的方法进行学科具体测度。多学科度主要是指各学科的分散程度以及多样化程度，同样是指某个研究领域的引文在学科类别上的分散程度以及多样化程度。引文在学科类别分布的多少以及引文在学科类别上分布的均匀程度能够体现引文在学科类别上的分散程度。研究发现，引文在学科类别上分布的种类越多且分布得越均匀则分散程度越大，即多学科度越高。信息熵测度公式主要是将生产信息的源头看作一个集合系统，此系统能够具有产生概率随机消息的功能，因此，Shannon 提出了有关信息量的公式来度量信息源的产生，并用“信息源的熵"予以定义。另外,克劳修斯(R. J. E. Clausius)定义了一个关于态函数熵 S (entropy)的统计熵测度公式,它主要反映了物质系统内部混乱程度的物理量,即关于物质运动无序性的量度,而统计熵测度的无序性与多学科度测度的多样化程度、分散化程度是非常一致的。

2. 关于跨学科专业度的测量

文章专业度是指研究领域的文章(即来源文献)所属学科类别的集中或专门化程度,而作者专业度是指研究领域的文章的作者所属学科类别的集中或专业化程度。从作者发表的文章所属学科类别的集中度或专业化程度可以提取所研究文章或作者的相关数据信息。关于专业度的测量主要分为两种,包括文章专业度的测度和作者专业度的度量,如果某一研究领域的作者发表的文章相对集中于某一个学科领域或某几个学科大类,证明该文章或作者的专业化程度较大。Porter 等设计的关于专业度测度指标的公式,主要是测度并说明一系列属于不同学科类别的文章在学科类别上的集中分布程度。此外,埃琳·莱希(Erin Leahey)的著作认为,"专业化(Specialization)"是关于研究者专注于一个或少数几个子领域的而不是跨越许多领域的相关研究,并且她认为专业化是影响科研生产率的最关键特征。

3. 关于跨学科整合度的测量

跨学科研究通常涉及两门或两门以上学科之间的交叉融合、互相渗透的演进过程。这种两门或两门以上学科的交叉融合程度或知识整合程度称为跨学科度。现有研究对跨学科整合度或称跨学科度主要是对下载频数及引文频数进行测度,首先将下载量及引文量归属到其特定的学科类别,从而可实现引文类的共现矩阵。对于一篇文章要测度的目标主要集中于某一个下载或引文类的共现矩阵,且此矩阵中非对角线上的数值越接近于对角线上的数值时该领域的跨学科整合度或跨学科度越大。此外,通常用于测度共现矩阵距离的交叉度测度公式主要有皮尔逊相关系数(Pearson Correlation Coefficient)、欧氏距离(Euclidean Distance)和夹角余弦函数(Cosine Similarity Measure)等,经过细致认真比较它们的优劣点,杨良斌等认为夹角余弦函数很符合跨学科度的测度目标。

4.3　跨学科耦合协同度测量

4.3.1　指标体系构建

高等学校创新能力提升计划重点在于对体制机制的改革,目的在于促进高校的自主整合创新与高校对外合作的整合创新,将创新资源合并到一起,提高资源的配置及利用效率,将各个主体以及资源利用最大化,从而实现"人员、学科、成果"为中心的高校整合创新能力最大化。党中央提出，要整合配置创新资源，继续推动教育整合创新，加快产教融合，推进各类学科建设，以及具有中国特色的一流大学和一流学科建设，推动高等教育的发展。高校整合创新在我国创新驱动发展战略中具有重要地位。本书提出要首先建立高校自主协同创新与高校对外整合创新评价指标体系，给出测算子系统综合得分方程、耦合协调度以及高校协同创新能力模型公式，最后揭示耦合协调度与高校整合创新能力的关系。现有的研究表明目前大多数高校的耦合协调度较低，耦合协调度对高校整合创新能力具有的正向影响非常有限，所以对高校跨学科整合创新进行研究非常迫切。

当前，国家非常重视跨学科整合创新体系的建设，而高校资源整合创新体系作为重要内容非常值得研究，参考王慧敏、雷亚楠、杨晓娜、戚湧等学者的研究，将高校跨学科资源整合创新体系分为高校自主整合创新子系统和高校对外整合创新子系统，高校自主整合创新子系统为以高校为主体进行的创新，高校对外整合创新子系统为以高校和其他主体进行合作产生的创新，投入和产出最能直观反映创新体系绩效，故分别从两个子系统的投入和产出构建指标体系来测量两个子系统的整合创新状态，以科技活动人员(x1)、研究与发展项目当年支出经费(x2)、研究与发展项目数(x3)表示高校自主整合创新子系统投入，以奖项(x4)、出版科技著作数量(x5)、发表学术论文(x6)、专利授权数(x7)表示高校自主整合创新子系统产出。而高校对外整合创新子系统投入用R&D成果应用及科技服务人员(x8)、R&D成果应用及科技服务项目当年支出经费(x9)、R&D成果应用及科技服务项目数(x10)表示，产出用交流论文(x11)、特邀报告(x12)、主办会议次数(x13)、技术转让合同数(x14)、技术转让合同金额(x15)、技术转让当年实际收入(x16)、专利出售合同数(x17)、专利出售总金额(x18)、专利出售当年实际收入(x19)来表示。进而建立如下指标体系见表4-1所列，来了解各个高校整合创新体系的实际状况。

表4-1　高校自主创新与高校对外整合指标体系

子系统	一级指标	二级指标	权重系数
高校自主创新模式	投入	科技活动人员/教学与科研人员(人)	7.72%
		研究与发展项目当年支出经费(千元)	16.56%
		研究与发展项目数(项)	9.37%
	产出	奖项	23.32%
		出版科技著作数量(部)	10.25%
		发表学术论文(篇)	12.95%
		专利授权数(项)	19.83%

续表 4-1

子系统	一级指标	二级指标	权重系数
对外合作整合创新模式	投入	R&D 成果应用及科技服务人员(人)	4.04%
		R&D 成果应用及科技服务项目当年支出经费(千元)	5.22%
		R&D 成果应用及科技服务项目数(项)	3.77%
	产出	交流论文(篇)	3.03%
		特邀报告(篇)	5.67%
		主办会议次数(次)	5.11%
		技术转让合同数(项)	10.10%
		技术转让合同金额(千元)	12.78%
		技术转让当年实际收入(千元)	14.81%
		专利出售合同数(项)	8.78%
		专利出售总金额(千元)	12.46%
		专利出售当年实际收入(千元)	14.23%

注:参考王丽 2020 年《高校协同创新效应实现机制研究》。

4.3.2　耦合协调度测算

1. 投入、产出指标权重计算

首先,运用熵权法对所选取的数据进行处理,由于各个指标的量纲和单位不一致,故先对各个指标进行归一化处理,以消除量纲产生的影响。

(1) 归一化

$$x'_{ij}=(x_{ij}-x_{\min})/(x_{\max}-x_{\min})\quad (i=1,2,\cdots,n;j=1,2,\cdots,m)$$

(2) 指标权重确定

$$p_{ij}=\frac{x'_{ij}}{\sum_{i=1}^{n}x'_{ij}}$$

(3) 计算指标 j 的熵

$$e_j=-k\sum_{i=1}^{n}p_{ij}\ln(p_{ij})$$

其中 $k=1/\ln(n)>0$　满足 $e_j\geqslant 0$

(4) 计算指标 j 的信息效用值

$$d_j=1-e_j$$

越大表示 x_{ij} 越有价值,相应权重越大

(5) 计算指标 x_{ij} 的权重

$$w_j = \frac{d_j}{\sum_{j=1}^{m} d}$$

(6) 计算指标的综合得分

$$U_i = \sum_{j=1}^{m} w_j \cdot x'_{ij}$$

2. 子系统耦合协调度计算

耦合度可以反映出两个子系统之间的相互关联,可以反映出子系统之间是相互促进还是相互制约。耦合度越高,表明系统之间发展的方向一致,关系越稳定。协调度是指耦合关系中相互影响作用的大小,表示子系统之间协调情况。因此在计算耦合度之后,还需计算协调度与耦合协调度来测量两个子系统之间的协调程度和一致度。记耦合度为 C,协调度为 T,耦合协调度为 D。U_1 为高校自主协同创新子系统综合得分,U_2 为高校对外协同创新子系统综合得分,U_1 和 U_2 必须介于 0～1 之间,耦合协调度的计算公式如下所示:

$$C = 2\left[\frac{U_1 \cdot U_2}{(U_1 + U_2)^2}\right]^{\frac{1}{2}}$$

$$T = \beta_1 U_1 + \beta_2 U_2$$

β_1、β_2 为两个子系统的权重。

$$D = \sqrt{C \times T}$$

3. 耦合协调度与对应的协调等级及耦合协调程度

协调等级可以直接反映两个子系统的协调情况,对耦合协调度进行区间划分,不同区间的耦合协调度对应不同的协调等级,见表 4-2 所列,其中一级为极度失调,级别越高,协调度越好,十级为优质协调。

表 4-2 耦合协调度等级划分标准

耦合协调度 D 值区间	协调等级	耦合协调程度
(0.0～0.1)	1	极度失调
[0.1～0.2)	2	严重失调
[0.2～0.3)	3	中度失调
[0.3～0.4)	4	轻度失调
[0.4～0.5)	5	濒临失调

续表 4-2

耦合协调度 D 值区间	协调等级	耦合协调程度
[0.5～0.6)	6	勉强协调
[0.6～0.7)	7	初级协调
[0.7～0.8)	8	中级协调
[0.8～0.9)	9	良好协调
[0.9～1.0)	10	优质协调

耦合协同度是由高校自主整合创新与高校对外整合创新共同决定的。如果高校自主整合创新综合得分大于高校对外整合创新综合得分，说明高校在创新方面大部分是一些内部跨学科的创新绩效，缺乏与其他主体合作的对外整合创新，资源也都用于内部整合创新上，缺乏与其他主体进行合作的意识，这就会使得高校创新发展较慢，无论是资源还是成果都会受限，同时也说明了大多数学校对创新的重视程度不够强，亟需加强。

高校对外整合创新系统之间的资源整合程度对提升优化耦合协同度起关键性的作用，只有将高校对外整合创新发展起来，耦合协同度才能提高，两个子系统才能相互促进，协调情况好转。不能只注重自主创新，将资源都投入自身创造产出而忽略了对外的整合创新，要将合作创新意识提高，多与其他主体进行合作，适度增加对外整合创新的投入，提高对外整合创新产出，从而使得高校自主整合与对外整合共同发展，协调程度提高。

4. 创新能力计算

将高校整合创新能力作为目标层，高校自主整合创新子系统和高校对外整合创新子系统设为一级指标，二级指标对应表 5-1 中的一级指标，三级指标对应上面的二级指标建立指标体系，w_1 为高校自主整合创新权重，w_2 为高校对外整合创新权重，可使用熵权法算出指标各自权重，公式如下：

$$F = w_1 \cdot U_1 + w_2 \cdot U_2$$

由上述公式可以看出，高校整合创新能力与高校整合创新耦合协调度有一种对应关系，高校整合创新能力由强到弱对应着高校协同创新耦合协调度由优质协调到严重失调的趋势。

4.3.3 耦合协调度对高校整合创新能力的影响

高校整合创新是多方面共同组成的一个大系统，各个主体如何互相合作配合，如何合理利用科技资源，从而达到创新产出最大化，一直是促进创新的重要问题。主体及各自的资源禀赋不同，所产生的整合创新绩效也不一样，王雪莹通过对区域创新子系统以及它们的协同度进行研究，实证分析得到区域耦合协同度对于区域创新绩效具有促进作用;卢晓杨考察了企业、高校、科研机构之间的资源协调合作,协同耦合程度的高低对区域创新绩效有积极的影响;葛姗姗通过空间计量方法验证了不同主体、不同区域之间的资源整合对创新绩效有着不同的影响作用;蒋伏心对产学研整合创新与区域创新绩效进行实证分析得出短期内产学研整合效应对区域创新绩效起到了促进作用,但长期不稳定。整合创新有利于不同主体之间合并资源、共享资源、发挥资源集聚效应、分配效应,使得主体优势扩大化,从而对整合创新绩效产生正向影响,因而耦合协调度对高校的资源创新绩效有积极的影响。

关于科技资源总量对高校整合创新能力的影响方面。科技资源有很多,如关于人力、物力、财力、信息、课题数等,特别是研究人力资源、财力资源、课题数三类具有重要作用。近几年来,国家一直都在大力鼓励科技创新,高校的人力与财力资源是高校进行创新的基础,它对高校创新有着一定的影响。党中央提到"创新是引领发展的第一动力"表明了创新的重要性。中央人才会议也提到领军人才的选拔方式以及相对应的科研基础条件实施政策。二十大报告中指出要"完善科技创新体系"强化国家科技创新能力,加强国家创新体系建设。吴杨认为增加高校科技经费,合理进行资源配置,优化投入产出比可以提高高校创新效率。科技经费是进行高校整合创新的最基本的财力保障,而科技经费主要的使用主体是高校、企业、科研机构,其中高校占用科技经费的比例最大,而"十四五"规划更将基础研发经费提高到了 8%,其投入量对于高校自主创新能力有着促进作用。人力资源对于高校整合创新有着关键的作用。进行高校整合创新需要大量的人力资源,人力资源越多,进行高校整合创新的中坚力量就越强大,从而提高高校跨学科整合创新绩效水平,促进高校整合创新发展。人力资源的储备和质量在一定程度上也代表着各个高校教育规模,专业人才的聚集将提高创新的活力,想要加强高校整合创新,人才的储备必不可少。科技课题是高校进行整合创新的外在体现,通常课题的多少体现了高校进行整合创新数量有多少,课题的题目则体现了高校进行整合创新的方向。课题对于高校整合创新有着指引作用,同时也促进了高校的协同创新。

现有研究表明:耦合协调度对高校整合创新能力有正向影响;教学科研人员对高校整合创新能力有正向影响;科技经费对高校协同创新能力有正向影响;课题总数对高校整合创新能力有正向影响。

根据上面分析做出如下假设:耦合协调度对高校协同创新能力有正向影响;教学科研人员对高校协同创新能力有正向影响;科技经费对高校协同创新能力有正向影响;课题总数对高校协同创新能力有正向影响。进而可以归纳出如下模型:

$$F_{it}=\alpha_0+\gamma_1 D_{it}+\gamma_2 \mathrm{teacher}_{it}+\gamma_3 \mathrm{fund}_{it}+\gamma_4 \mathrm{project}_{it}+u_i+\varepsilon_{it}$$

被解释变量为高校协同创新能力,解释变量为耦合协调度,控制变量为教学与科研人员(人)、科技经费(千元)、课题总数(项)其中 i 代表选择高校,t 代表所选取的年代,u 为个体固定效应截距项,为随机误差项,见表 4-3 所列。

表 4－3　变量描述

变　量	变量符号
高校协同创新能力	F
耦合协调度	D
教学与科研人员(人)	Teacher
科技经费(千元)	Fund
课题总数(项)	project

应用以上模型，可以针对高校自主整合创新与对外整合创新建立指标体系进行评价，用耦合协调度量化各个指标之间相互作用所产生的协调程度，通过综合评分算出各个高校自主整合创新与对外整合创新水平，并计算出各高校的整合创新能力，最后研究这种协调作用对高校协同创新能力的影响。

4.4　小　结

为了能更好地评价高校整合创新绩效，可以将高校整合创新划分若干子系统进行评价，围绕影响子系统的各个变量建立了评价指标体系，采用熵权法确定各个指标的权重，以耦合协调度表示变量之间的协调程度，得出了各个高校整合创新的协调情况。根据对教育部直属十几所高校的初步测算，目前大多数高校的协调程度较低，需改善，另外，根据高校整合创新能力研究耦合协调度及其关系进行分析，得出耦合协调度对高校整合创新能力具有促进作用。各高校应该关注协调情况，加强各主体间相互合作，找出影响协调的关键因素进行改善，以充分发挥系统间协调作用而产生的促进作用，进而整体加强高校的整合创新能力，增加高校的资源利用情况以及相应的成果转化率。

在当今时代，整合创新已成为推动社会进步与发展的关键力量，而深入关注其耦合协调作用具有极为重要的意义。整合创新耦合协调作用的核心在于各要素间的协同。然而，传统的整合创新容易过度关注科研资源的投入量与强度。比如，单纯追求经费的大量投入、盲目扩大人员数量、无规划地增加课题数目等。然而，这种注重较为单一和片面的建设方式，忽略了整合创新的本质和关键，即使得各方资源及各个主体之间的相互配合与互相作用以发挥出最大的效能。

在整合创新中，高校作为重要的创新主体承担着关键的角色。高校应将重点聚焦于影响耦合协调度的各个变量以及主体的相互作用上。这要求高校首先对整合创新过程中的各种变量进行深入剖析，明确哪些因素会对耦合协调度产生积极或消极的影响。例如，科研人员之间的沟通机制、不同学科团队的协作模式、科研经费的分配方式等，都是需要重点关注的变量。同时，高校要注重各主体之间的相互作用。在整合创新过程中，高校与企业、科研机构等其他主体之间需要建立紧密而有效的合作关系。高校要与企业紧密合作，将企业的实际需求与高校的科研优势相结合，实现产学研的深度融合。要打破学科壁垒，促进不同学科团队之间的交流与合作，形成跨学科的创新合力。要建立合理的科研经费分配与使用机制，确保经费能够精准地投入到最需要的地方，提高资源的利用效率。

总而言之，关注整合创新耦合协调作用，要求高校等创新主体转变观念，从单纯注重科研资源的投入量和强度，转向更加注重资源以及各主体之间的相互配合与协调程度，从而实现整合创新的高效推进，为社会的发展贡献更强大的创新动力。

第5章　跨学科知识溢出效应

5.1　引　言

当下，正处于科学技术飞速发展以及社会高度发展的时代，各个学科领域都经历了完备而充分的发展过程，而在以往的学科发展中，单一学科的独立发展是学科发展的普遍现象。因此，单一独立学科发展饱和的状态以及多学科发展不饱和的状态将成为各个学科未来发展的大势所趋。尤其是在解决重大复杂科学问题时往往超出了单一学科的能力范围，需要其他学科的辅助，使之融合多学科不同领域的理论或技术进行跨学科研究，而跨学科创新团队的发展也推动了跨学科新增长点的产生和科技创新的突破。在知识的形成和演变的过程中，相同特征和性质的知识相互吸引，逐渐融合成为一个学科领域，而不同特征和性质的知识逐渐分散，或形成各自的领域，或被划分为若干个不同的学科。同一学科内的知识具有高度相似的含义，并且对外表现出极度近似的特征，具有高度的凝聚性。社会的发展进步需要知识间的不断交流碰撞，而纵观知识发展的初期以及前期，大部分知识交流的表现形式主要为学科内部大量知识进行交流，即在学科内部进行融合与创新。由此可见，这种同一学科间的知识融合创新所带来的结果很难跳出原有学科的边界，现阶段各学科内的知识处于高度融合状态，且单一学科的发展处于高度饱和状态，因此，要想使人类社会的知识得到进一步提升和开发，提升多学科间交流互动，增强各学科创新能力，学科之间的知识流动必不可少。学科间知识的融合创新使得各个学科能够协同高效发展，最终影响各学科的实际产出，使之绩效得到最大程度的提升。而以往研究大多以单个学科内部的知识流动为研究对象或者从某一特定角度进行分析，研究范围较为狭小，难以探查宏观层面的知识流动现象。知识存量积累的过程是人类社会发展所必然经历的过程，也是人类社会发展浓墨重彩的部分。现阶段，我国经济由高速增长转向高质量发展，每个产业都要朝着这个方向坚定地往前走。因此在知识存量不断积累过程中以及在各个行业不断发展过程中，知识溢出成为社会普遍现象。

知识溢出效应(Knowledge spillover effect)主要包括知识溢出的扩散效应及知识溢出的共享效应，其中资源整合、知识传播、知识共享、知识拓展、创新应用等都是知识溢出的模式。知识传播是知识的复制，而知识溢出则是知识的再创造，知识溢出过程具有链锁效应、模仿效应、交流效应、竞争效应、带动效应、激励效应。新经济增长理论和新贸易理论都认为，知识溢出和经济增长有密切的联系。保罗·罗默(Paul M. Romer)最早用外部性解释了溢出效应对经济增长的作用，他认为新投资具有溢出效应，进行投资的厂商通过积累生产经验提高生产率，其他厂商也可以通过学习提高生产率。这种理论强调了知识溢出在经济增长中的重要作用,知识不同于普通商品之处是知识有溢出效应。

在知识溢出现象的推动下,必然引起知识扩散现象和不同学科之间知识的共享现象,即本学科的知识储备扩散到其他学科,并在此过程中使得两个学科甚至多学科异同领域的知识能够相互"交流"使之融合创新。跨学科知识溢出是指知识除了具有传播扩散效应,同时具备共享整合效应,知识溢出的扩散与共享是指知识在传播和扩散过程中,被分享使用和拓展的效应,不仅在产生知识的组织或个人内部使用,还会对组织外部的人或社会产生积极的影响。这种效应的重要特征就是主要包括知识的整合、共享、传播、拓展与创新,是一种知识协同扩散的共享方式。具体包括以下几方面:提高资本,提高人力资本水平,增强对技术溢出的吸收能力,将各地区人力资本转化为真正的生产力,以充分发挥技术溢出正效应。

跨学科创新团队是以实现创新性目标为重要目的,群体中的研究人员相互协作共同承担责任共同完成目标。此群体主要由两个或者两个以上学科或专业人员组成,团队成员之间的知识具有更高的交叉性,存在资源整合、知识共享、创新应用等知识溢出典型模式。从知识溢出角度研究团队创新绩效影响因素,对于丰富研究团队组织理论、提升科研产出水平、提升交叉创新项目运作绩效具有重要意义。

5.2 跨学科知识溢出的生命周期过程

任何事物的发展变化都要经历生命周期演变过程,跨学科研究也经历同样的过程。本书从生命周期理论角度对跨学科知识溢出的演变过程进行分析。这对于研究跨学科整合创新具有重要理论意义。

第一阶段,跨学科知识溢出萌芽时期。20 世纪 50 年代是我国对于跨学科研究的起步时期,此时期相关的新兴跨学科陆续萌发,并受到科学界的重视。与此同时,钱学森关于工程控制论的研究产生卓越的成果,大大拓宽了控制论的研究领域。钱学森等科学家将运筹学应用于国民经济计划工作中,使其成为未来的重要研究方向。他认为经济学更为精细化的表现会使得国民经济的规划方向朝着更加正确的方向前进,并在此基础上提出侧面精确化社会科学问题,为社会科学的现代化发展奠定基础。60 年代,学术界没有停止讨论科技进步与社会发展的现实问题,与此同时,科技界大力推进控制论和运筹学的研究和开发。同期,华罗庚的专著《统筹法》、许国志等的专著《运筹学》出版,中国运筹学研究会诞生。由此可见,新兴的跨学科在中国播种萌芽,并取得了一些初步的收获。然而,科学发展的道路是崎岖的,跨学科的成长过程同样历尽坎坷。

第二阶段,跨学科知识溢出发展初期。20 世纪 70～80 年代,科学技术现代化的进程逐步加快,同时自然科学与人文社会科学的跨学科研究活动开始兴起,各种新兴跨学科犹如雨后春笋,层出不穷。这表明我国的跨学科研究进入了崭新的发展阶段。此后,随着现代科学技术的发展壮大,科学与生产的关系越来越密切。科学技术逐步发展成为重要的生产力，显示出其不可或缺的作用。80 年代，邓小平进一步强调“科学技术是第一生产力”，这是我国新时期发展跨学科研究的强大思想武器。随后开展了一系列具有代表性的跨学科研究活动，主要包括新技术革命研究以及我国首届交叉学科学术讨论会，这些会议活动能够反映出当时我国大力推进跨学科研究的现实情况。其中，我国首届交叉学科学术讨论会于 1985 年 4 月在北京召开，这是全国 17 个交叉科学学会与中国科学技术培训中心联合举办的。会议展示了我国跨学科全面发展的形势和成果。著名科学家钱学森、钱三强、钱伟长等同 150 多名中、青年学者各抒已见，共同推进我国跨学科的学科建设。这标志着跨学科这一知识领域正在趋向成熟。从此，我国的跨学科科学大步迈进现代科学的神圣殿堂。此举对正在兴起的技术革命产生重大社会影响，对当时新兴产业群的形成与发展产生重大推动作用。80 年代后期至 90 年代，我国社会主义现代化建设事业持续发展，科学技术现代化的步伐进一步加快，跨越自然科学与人文社会科学的研究活动逐步走向巩固提高的阶段。

第三阶段，跨学科知识溢出稳步前进阶段。进入 90 年代以后，我国跨学科研究的青年学者队伍不断发展壮大。1992 年，中国科学技术协会举办了首届青年学术年会跨学科分部的活动并编辑出版了《论文集》。通过会议首次展示了我国跨学科界青年学者的学术成果和水平。这次学术年会涵盖了跨学科的许多领域，包括系统科学、管理科学等。此次青年学术年会跨学科分部的活动影响力较大并展示了许多优秀的成果，为我国的跨学科研究输入了大量新的信息，也涌现出许多新的年轻人才。除此之外，《中国 21 世纪议程》的研究和制定工作引人注目，其主要由可持续发展总体战略、社会可持续发展、经济可持续发展、资源与环境的合理利用与保护四大部分组成。成立了“中国 21 世纪议程管理委员会”，成员包括 26 个部门，涵盖科技、经济、社会、环境等多个领域，充分体现了其研究和制定过程涉及多个学科领域的相关部门共同参与这一组织，同时表明我国的跨学科研究活动再次跃入国家级发展战略的研究领域。它不仅将对我国 21 世纪的社会主义现代化建设提供长期的战略指导，而且会对我国方兴未艾的跨学科研究输入大量宝贵信息，并产生积极的影响。

第四阶段，跨学科知识溢出酝酿发展阶段。21 世纪以来，国内社会科学领域的跨学科研究得到了党和国家的高度重视。国家哲学社会科学研究“十五”(2001—2005 年)规划中提出：加强基础研究，新兴边缘交叉学科和跨学科综合研究。要进一步提高基础研究的整体水平，拓展新的研究领域，努力占领科学的制高点，加强新兴边缘跨学科和跨学科研究，加强社会科学与自然科学的交叉结合研究。国家哲学社会科学研究“十一五”(2006—2010 年)规划中也提出：要促进哲学社会科学与自然科学的相互渗透，促进哲学社会科学不同学科之间的相互渗透，重点建设一批能够增强原创能力、推动理论发展的基础学科；有较强对策研究能力、对经济社会发展有重大影响的应用学科；立足学术前沿、注重前瞻研究的新兴学科和跨学科。除了政策性支持与引导，全国哲学社会科学规划办公室从 2000 年起鼓励跨学科项目申报立项，并从项目的审批和评审方面做出了相应的调整和规定。新世纪以来的10年,国内跨学科研究逐步升温,越来越多的学者关注这一问题。同时,可以发现这段时期的学术论文呈现主题多样化、选题视角丰富、多学科参与的研究态势。这一时期的主题涉及的范围更广,具体包括对国外的跨学科研究状况的介绍;对跨学科活动的基本理论、组织管理和成果评价等问题的研究;利用跨学科研究方法开展研究的实证案例的介绍;关于人文社会科学如何开展跨学科研究的理论思考;对教育领域内开展跨学科活动的分析和研究等(全国哲学社会工作办公室,2006)。

第五阶段,跨学科知识溢出的成熟时期。2018年,习近平总书记在北京大学考察时指出,要下大气力组建交叉学科群。2021年8月,全国研究生教育会议提出要建立"交叉学科"门类。随着新一轮科技革命和产业变革加速演进,要实现重要科学问题和关键核心技术的革命性突破,学科之间的深度交叉融合是关键一环。由此设置"交叉学科"门类,能够更清晰明了地将其体现在专业目录上,从而增强学术界、行业企业、科研机构、社会公众对跨学科的认同度,为跨学科提供更好的发展通道和平台。培养高层次人才,并探索设置门类下的一级学科有助于突破传统的管理模式,为科技创新和交叉领域高层次人才培养提供新的框架。我国的高等教育强国战略从组织层面走向了知识的核心。知识的组织、探索、发现过程越来越困难,仅仅依靠个人或者某一个组织很难实现。通过设立学科门类,有利于国家根据学科门类组建队伍、建立平台、投入资源。政治决定学科的门类,行政决定学科的资源配置方式,知识决定学科发展的广度和深度,三者之间彼此不可或缺。

5.3 跨学科知识溢出分析

5.3.1 理论分析与模型构建

1. 理论揭示

由于人类社会的存量知识不断积累,加之在教育不断发展的过程中,知识按照不同的特征和性质逐渐被划分为若干个学科,各个学科内部的知识具有相近的内涵,并且对外表现出近似的特征,具有高度的凝聚性。大部分知识都在学科内部进行交流,进而融合、协同、整合与创新,但这种知识流动带来的结果往往跳不出原有学科的边界,要想使人类社会的知识得到进一步开发和融合,学科之间的知识流动转移必不可少。在知识不断交流融合之下产生跨学科、交叉学科等新领域,是知识不断发展的产物,也是知识与技术融合的产物。即跨学科主要经历了知识流动转移,知识再造,知识融合,知识创新等一系列过程。随着科技发展,技术带动的知识创新,科学技术的合理实施将会深入影响知识转化模式的创新,改善知识溢出环境,从而丰富跨学科研究领域,增强跨学科科研组织凝聚力,产生创新性的跨学科产物。不同学科相互交流融合使得知识溢出,不仅产生知识溢出的扩散效应同样也会产生知识溢出的共享效应，而无论是知识溢出的扩散效应还是其共享效应的增强，都会提升跨学科合作的凝聚力，使其合作更加紧密，合作范围更加边缘化。在此基础上无论是跨学科科研合作还是知识溢出效应的增强都会对科研协同产出产生极大的影响。

首先，跨学科知识流动产生知识溢出的扩散效应与共享效应。在知识植根于个体的基础上，随着个体的流动而转移的特征事实，跨学科能够通过协调各学科研究者间的关系从而使得各学科产生紧密联系，各个学科发挥自身优势使之成为一个协调一致的整体。使得知识在不同的学科空间范围充分流动并与不同领域的知识群体发生互动和交流，一方面促进了新知识的创造，另一方面加快了知识在不同范围之间的传播。近十年来，中国高铁的飞速发展降低了人员旅行成本，同时降低了科研人员参加学术研讨会的成本，因此大大提高了面对面交流的可能性。面对面交流（Face-to-Face）能够极大促进不同学科之间的交流融合，加大跨学科合作的可能性，增进不同学科科研人员的深入交流，使跨学科合作向纵深发展。同时，面对面交流也是促进知识溢出的重要条件，科研创新主体在面对面交流中不仅能够更好获取大量的完备的显性知识，同时也能够获得更多的其他方式无法获取的隐性知识，通过这种方式能够使成熟的知识产生更多优势，发挥更大的作用，从而在合作研发等活动中有更好地表现，帮助提升科研产出力。具体而言，面对面交流可以帮助交流参与者更好地了解彼此的研究领域和技术成果，推动相互间在研究开发等方面的合作，是跨学科合作与不同学科知识交叉融合的关键条件。得益于科学技术的快速发展，线上线下交流平台的飞速崛起加速了知识的流动传播和发展。跨学科合作平台作为汇聚学科力量、促进跨学科融合的关键环节，凭借其独特优势，不仅能有效推动跨学科合作的产生，更能利用科技力量加速知识的流动与传播。这使得知识溢出与跨学科体系构建得以与科技深度融合，并在科技驱动下不断优化创新传统的知识流通模式与转化方式。同时，跨学科合作已广泛渗透至多学科领域。科技为跨学科合作提供了更优质的服务，全面支撑其合作范围的拓宽与水平的提升。

其次，跨学科知识溢出与整合能创新产出。科研机构和研发部门等被内生增长理论看作是知识创造和知识溢出的重要源泉。产学研交流与科研合作促进知识溢出、汇聚多学科力量并推动协同研究的广阔平台构建，使不同学科之间得以建立稳定的协作关系，进而促进创新网络的形成。公司技术人员、大学研究人员以及企业家等研究人员通过各种正式的学术研讨会与非正式的线上线下交流从中交换跨学科知识实现技术知识的溢出扩散与分享拓展。与此同时，在知识交换与科研交流的过程中催生不同程度的科研合作，推动知识融合、优势互补从而增强科研协同产出。例如，研究型大学作为重要的知识溢出源泉通过义务支持当地区域、转移技术以及安排学生在当地就业等形式为企业、个人和政府机构相互作用提供了平台从而便于知识溢出。跨学科合作和交流通过技术的提高以及文化的传播影响知识溢出的分布与效率，原因在于这些因素影响互动交流的效率进而影响知识溢出的效率，从而能够影响科研协同产出的效率。此外，较高的外部知识进入溢出对跨学科合作的可能性以及相应的知识溢出具有正面影响，对科研协同产出也会产生正向影响。知识溢出不仅驱动经济活动的空间集聚，其形成的集聚效应还显著提高了经济主体间思想交换的效率，并增强了对核心知识价值的识别能力，尤其通过降低科技创新与商业化的成本进而促进产业集群发展和创新产出增长。在此过程中，企业与研发机构的合作协议成为创新收益的重要来源。然而若未能准确评估知识溢出作为集聚动因的关键作用，经验研究可能出现估计偏差。总而言之，可以通过知识溢出促进空间聚集，强化协同创新，从而推动新一轮知识溢出的循环机制，不断促进跨学科协同创新。

2. 模型构建

学术期刊是表现科学活动的重要载体和传播科研成果的主流平台，是科技工作者可在研究和学术交流最重要的渠道，高质量的学术期刊不仅能够引领学术研究、培养学科专家，更有利于各个专业学科的知识溢出与共享。学术期刊在一定程度上代表这些学术成果的权威性与影响力，且在基于期刊分层的发展实践中，期刊的下载频数与引用频数具有一定的向心性，在一定程度上就代表者知识溢出程度、知识扩散路径、知识共享程度以及知识整合更新速度与创新程度。期刊论文合作者是不是不同学科的合作研究成果，代表着跨学科资源知识整合绩效程度，期刊作者自身是否有跨学科学习与研究背景也能代表着跨学科的知识溢出程度，特别是期刊的知名度与认可度也能在一定程度上代表跨学科合作的整合创新产出绩效。

(1) 模型设定与变量表述

首先关于数据介绍。使用的主要数据来源于中国知网，并通过划定范围进行代表性数据的收集，为了更好地收集数据，笔者主要通过该网站结合其高级检索方式进行相应检索，其中为保证检索文献的权威性以及代表性，将其基金分类词条固定为“国家社科基金”，以此保证搜取文献的可靠性和权威性；最终构建出跨学科、知识溢出以及科研研究产出等相关指标，为后续研究提供依据。

首先，构造跨学科对知识溢出的回归模型，然后依次介绍实证中被解释变量、关键解释变量以及控制变量的数据来源及构造方法。为了考察跨学科对知识溢出及知识共享的影响，构造如下回归模型：

$$y_j = \alpha_0 + \alpha_1 \text{Transdisciplinary}_j + \mu I_j \text{control} + \varepsilon_j$$

其中，被解释变量 y_j 分别为 Downloads_j 和 Citations_j，Downloads_j 即论文被下载频数，代表知识溢出的扩散效应；Citations_j 为论文被引频数，代表知识溢出的共享效应，j 表示搜集到的文章个体，主要是指第 j 篇被下载量及被引量，关键解释变量 $\text{Transdisciplinary}_j$ 作为跨学科的衡量指标可以称之为跨学科程度，或“跨学科度”，跨学科度系数 α_1 表示跨学科程度对文章下载量即知识溢出的扩散传播及引用量即知识溢出的共享拓展的影响效果。同时模型中包含 Ij control 控制变量用以控制其他相关个体因素随个体变化的特征，如课题资助数、作者特质与合作者结构等因素，

ε_j 为随机误差项，所有回归的标准误均在个体层面聚类。在实证分析中，将使用论文的下载量作为知识溢出扩散传播效应的测度指标，将使用论文的 y 引用量作为知识溢出的共享创新效应的测度指标。

为考察科学研究类文章跨学科程度对文章知识溢出的影响，综合多方面数据搜集构造 2017 年下半年至 2021 年的截面数据。跨学科的发展虽然可以追溯到几十年以前，但是考虑其集中发展以及提出相关政策处于近几年。因此，对截取数据进行筛选，剔除不符合设定的数据以及缺失严重的数据。最终选定 776 篇文献数据。对文章进行手工整理，从中选取其重要的变量进行详细分析。所使用的文献数据均来自中国知网，实证部分主要运用 SPSS 以及 Stata 等软件实现。

(2) 被解释变量

如前面所述，知识溢出回归模型主要包含两个被解释变量，其中关于知识溢出扩散效应的衡量指标是文献下载量，而衡量知识溢出共享效应的衡量指标是文献被引量，即文献下载量主要衡量知识溢出的扩散传播程度，文献被引量主要代表知识溢出的共享拓展能力。

首先，文章下载量作为衡量知识溢出的关键指标，其主要衡量知识溢出的扩散性特征，即知识溢出的扩散效应为通过所搜集文章的下载频数整理所得，文章下载量一方面可以体现出此篇文章被关注的程度高低，另一方面也可以衡量此篇文章的扩散程度，能够真实反映文章的扩散广度体现其关注度和影响力。研究人员在独立或合作的研究过程中，通过单一学科或跨学科等方式进行整合创新性研究，产生具有一定学习意义的创新性的前沿成果，其成果在研究过程中以及公开发表后不断发生知识外溢的扩散现象，主要研究其成果公开后知识会溢出更为广泛的扩散现象，即研究成员或团队自身的知识外溢团队以外，进而对外部科研研究人员的研究产生不同程度的影响。所以本研究认为每篇文章下载的过程就是此文章知识外溢的重要扩散过程，随着下载量的增加，文章知识溢出程度也加大，知识溢出扩散范围的广泛性和其被关注情况突出性，从而产生知识溢出扩散效应。因此采用文章下载频数作为体现知识溢出扩散效应的指标具有一定的研究意义。在此基础上，将文章的下载频数进行取对数处理，因为在实证分析中，通过此种处理方法能够更好地理解关于系数的具体含义。

其次，关于知识溢出另外的关键衡量指标是文献的被引量，被引量主要衡量知识溢出的共享效应。在科学研究和应用研究创新过程中，研究人员或团队之间思想的传播和知识的交流为关键因素。因此，我们同样选取文章的被引量作为文章知识溢出的重要衡量指标，以期更好体现知识溢出的共享效应。以前研究认为专利引用信息是衡量知识流动的合理指标，结合创新中的知识流动，学者通常使用专利的引用进行测度。认为对于科研知识溢出而言，论文的被引情况同样可以作为知识流动、知识外溢的测度指标。中国知网的被引频数则能够体现此篇文章是否真正被用于其他研究成果中，是否对其他研究成果产生一定影响力以及共享性，使得“此知识”与“彼知识”相互融合、知识共享，实现知识溢出以及知识融合共享。被引量不仅能够体现两个研究主题之间知识的单向传递共享现象，更为重要的是此单向传递现象一旦发生，会引发指数式的知识溢出共享效应。此种知识溢出会通过线上线下的方式进行同步外溢实时共享，例如，通过研究人员参加线上线下的学术会议，产生知识的流动和知识溢出，相关学科知识共享和被引用的论文次数也将同步增加。在此基础上，将文章的被引频数进行取对数处理，主要原因在于实证分析中，通过此种处理方法能够更好地理解关于系数的具体含义。

(3) 解释变量

本研究将跨学科合作程度的度量指标定义为“跨学科度”，并作为关键解释变量，以此检验文章作者跨学科对知识溢出的扩散与共享会产生的影响。结合教育部印发的《学位授予和人才培养学科目录》及高校专业学科划分情况，将论文合作者所属学科进行分类整理，确定每篇文章对应作者跨学科情况。如果文章为独立作者情况，须确定其是否具有跨学科的背景，部分作者本身就为跨学科作者；如果文章为非独立作者情况，应统计论文前两位作者的跨学科数量，如果认为某位作者对于文章的贡献较大，投入的学科知识更为丰富，则以其具体学术背景确定其跨学科程度的衡量指标，即跨学科度。“跨学科”作为近几年国家高度重视的发展学科项目，其具有重要的研究价值，那么大力促进跨学科发展对知识拓展与知识共享应用会产生何种影响。鼓励跨学科发展，研究跨学科对科研知识创新与产业经济发展会产生怎样的影响。都是亟待研究的重要议题。通过理论分析可以发现，跨学科即跨越单一学科从事其他学科的科研学习，可以进行多学科合作学习开展研究，在此过程中不同学科科研人员之间能够相互交流和资源共享，取长补短发挥不同学科的优势并应用于其科学研究中。当不同类型的学科发生碰撞交流时，必然产生知识溢出现象，相比单一学科，跨学科能更为显著地产生知识溢出效应，且学科融合具备一定的创新条件，会更大程度产生创新性成果。因此，跨学科发展对促进知识溢出效应、扩散效应及共享效应都会产生影响，知识溢出现象和程度不断增加，可为科研产出赋能，促进协同创新，有利于科研工作的协同产出，最终形成良性循环，以此促进经济发展动力内生。

(4) 其他变量

现有文献主要采用两大类作为参考，包括与文章及其作者密切相关的变量。首先，反映文章水平的期刊级别，根据其发表文章期刊的级别进行分类表示以及反映文章支撑力的课题资助数量，收集文章的课题资助数量，体现所发表文章的权威性和可靠性；其次，作者特质的相关变量，包括第一作者学历能够在一定程度上体现作者的科研水平，而合作作者的性别以及合作者结构可以体现不同性别、不同合作者结构作者的知识溢出情况差异性和科研产出力的异同性。除此之外，还可以研究作者为教师时的知识溢出情况以及科研产出情况，在此情况下加入作者自身特质作为控制变量，同上述学历类似，职称一定程度可以代表其科研能力。

5.3.2　实证分析

在基准模型中，分别以文献下载频数即知识溢出的扩散效应以及文献的引用频数即知识溢出的共享效应作为被解释变量，跨学科度作为主要解释变量进行实证检验时，应以考察跨学科发展对知识溢出效应产生何种影响以及跨学科程度是否能促进科研产出力为参考点。

1. 基准模型回归

对于跨学科程度对知识溢出的扩散与共享效应的影响，表 5－1 中第(1)(2)列被解释变量为论文被下载频数，解释变量均为跨学科程度情况，表 5－1 中(3)(4)为跨学科度对论文被引用频数的影响。(1)(2)列结果表明跨学科度会显著提升知识溢出的扩散效应，并且不管是否加入控制变量这一变量，其正向显著效应都不会受影响。这一正向关系与前述理论分析是相符的，其理论逻辑在于，在文章进行跨学科研究的情况下，使得多学科的科研人员增加了相互交流沟通的机会，使其单一学科发挥自身优势，学科之间不断融合，在此过程中能够产生新的知识并进一步进行创新发展，进而产生创新性科研成果，融合创新过程就是知识的外溢过程，从而提高知识溢出的扩散效应，形成良好的知识溢出循环。同理表 5－1 中(3)(4)为跨学科对论文被引用频数的影响，结果表明跨学科度会显著提升知识溢出的共享拓展效应，并且不管是否加入控制变量。这一正向显著效应不会受影响，普遍存在知识溢出的扩散效应比共享效应的促进作用更大。

表 5－1　基准实证结果

	(1) Downloads	(2) Downloads	(3) Citation	(4) Citations
Transdisciplinary	0.101***	0.091 7***	0.091 1**	0.075 5**
合作者人数		0.031 3		0.047 2
期刊级别		0.221***		0.106***
作者特质		0.104*		0.537***
合作者结构		0.053 3		0.097 4
课题资助数		−0.004 88		0.061 6*
第一作者性别		0.079 3		0.592***

续表 5-1

	(1) Downloads	(2) Downloads	(3) Citation	(4) Citations
Constant	5.550***	4.535***	2.026***	−0.426
Adj. R^2	0.132 2	0.148 5	0.164 4	0.170 0
F	11.35	20.26	5.91	23.41

注：***、**、*分别表示在1%、5%、10%的水平下显著，下同。

2. 基于性别异质性分析

研究跨学科度的性别异质性具有一定的意义，不同性别合作对跨学科绩效有差异化影响。性别多样性的合作可以带来不同的思维方式、经验和视角男性和女性可能在问题解决、沟通方式、决策过程等方面有不同的倾向，不同性别合作能够促进创新性思维和解决方案的多样化。这种多元化的合作有助于应对复杂的跨学科问题，推动更为全面的研究成果。表5-2将全样本按照前两位合作作者的性别结构划分为三大类：前两位合作者为两位男性作者、前两位合作者为两位女性、表示前两位合作者是异性即男性作者和女性，分类后进行实证检验，验证跨学科合作度对知识溢出的扩散传播及知识溢出的性别异质性影响效应。结果发现：当选取前两位作者均为男性的样本时，其团队跨学科程度能够对知识溢出的扩散效应及共享绩效产生显著的正向影响；当选取前两位作者均为女性的样本时，同样其团队跨学科合作能够对知识溢出的扩散效应及共享绩效产生显著的影响；当选取前两位作者为异性合作者，即一位男性作者和一位女性的样本时，其团队跨学科程度同样能够促进知识溢出的扩散效应及共享效应，并具有显著正向影响。进一步观察合作者性别结构的差异性，其影响系数不同说明其影响程度的不同，比如当跨学科合作为男女作者合作时候，论文下载频数最大，表示此种合作结构跨学科度对知识溢出的扩散效应影响最大，当跨学科合作为男男作者合作时候，论文被引频数最大，表示此种合作结构的跨学科度对知识溢出的共享效应影响最大。由此可见，三种性别结构的跨学科合作情况，都能促进不同学科知识相互聚集，加快知识更迭，增强知识溢出扩散及共享拓展，而合作者结构为两位男性作者或男女合作时对知识溢出效应的增强能够为科研产出运行注入源源不断的动力，帮助科研扩散或共享协同产出效率提升。

表5-2 性别结构差异化实证结果

	男男合作 (1)		女女合作 (2)		男女合作 (3)	
	Downloads	Citations	Downloads	Citations	Downloads	Citations
Transdisciplinary	0.100*	0.129*	0.113*	0.049 6	0.166**	0.093 2

续表 5－2

	男男合作 (1)		女女合作 (2)		男女合作 (3)	
合作者人数	0.033 9	−0.007 50	0.091 8	0.161**	0.107	−0.044 5
期刊级别	0.273***	0.060 8	0.244***	0.047 9	0.211***	0.127**
作者特质	−0.007 43	0.460***	0.123	0.885***	−0.263	0.254*
课题资助数	0.019 6	0.084 4	−0.006 72	−0.001 36	−0.104	−0.040 1
Constant	4.756***	0.505	4.389***	−1.004**	5.350***	1.552***
Adj. R^2	0.176 5	0.063 11	0.184 1	0.244 3	0.177 2	0.038 4
F	12.62	4.61	9.80	13.41	4.99	2.30

3. 基于时间分段差异化分析

本部分将全样本按照时间划分为两个时间段，以检验跨学科度对知识溢出的扩散效应与共享效应影响的时间差异。由表 5－3(1)(2)两列的实证结果可以发现，当论文公开发表时间处于 2017—2019 年时，其跨学科度能够对知识溢出的扩散效应产生显著的正向影响，但对知识溢出的共享效应未产生显著的影响。由表 5－3(3)(4)两列发现，当论文公开发表时间处于 2020—2021 年时，其跨学科合作程度对知识溢出产生显著的正向影响，同时共享效应比扩散效应的促进作用更大。国务院办公厅提出：大力开展交叉学科和前沿科学研究，推进高水平科技成果转化，由此可以看出 2019 年前后国家出台了多项跨学科发展相关政策，起到了推动加速跨学科整合协同创新发展的作用。通过将样本进行时间段差异化实证分析，以 2019 年年末作为时间节点，探究政策出台前后跨学科、知识溢出的扩散传播效应与共享拓展效应的演变验证了这一解释。2017—2019 年政策还未提出以及提出的初期，跨学科合作仅能够促进知识溢出的扩散，而对知识溢出的共享拓展效应及对协同科研产出并未产生明显的促进作用。相比之下，2020 之后，各种相关政策得到具体落实，跨学科合作逐步向纵深发展，跨学科合作对知识溢出的扩散效应及共享效应均产生显著的正向促进作用，且知识溢出的共享效应也对科研协同产出有提升。鉴于此，可以推断，跨学科的大力发展促进了各学科知识溢出使之相互融合、协同、共享与拓展，加快了科研创新快速发展，提高了全社会的经济效益及福利效益。知识溢出使得协同科研效率大大提升，同样促进经济发展动力内生。因此得出结论，应该加大跨学科合作发展，进一步促进知识溢出正向效应，为科研协同产出注入源源不断的流动性。

表 5-3 基于时间分段的差异化分析

	2017—2019 年		2020—2021 年	
	Downloads	Citations	Downloads	Citations
Transdisciplinary	0.170***	0.051 1	0.071 1*	0.122***
合作者人数	0.232***	0.026 0	0.239***	0.141***
期刊级别	0.094 4	0.201	0.091 3	0.542***
作者特质	0.152	0.052 0	0.084 2	0.132
课题资助数	0.334	0.358	0.073 3	0.683***
第一作者性别	−0.001 69	0.092 7	0.040 2	0.061 0
Constant	3.965***	1.294*	4.529***	−0.908**
Adj. R^2	0.153 6	0.014 6	0.165 0	0.228 2
F	7.09	1.49	14.84	21.53

5.4 小　结

通过收集 2017—2021 年基金为“国家社科基金”，以跨学科度作为主要解释变量，研究其对知识溢出的扩散效应与共享效应的影响，同时加入相关的个体特质等控制变量构建模型，并选择数据进行实证检验。基准回归实证结果表明，跨学科度对知识溢出效应产生显著的正向的影响，具体而言，不同学科相互聚集、相互影响，合作者线上线下交流频繁，以此汇集学科优势以及合作者优势，促进学科间知识的交流以及科研人员之间的思想的流动，实现知识更迭、创新。跨学科合作推动知识成果由知识匮乏研究低效率的领域向知识丰富高效率领域转移，从而实现知识溢出、知识共享。知识溢出过程中可能引起指数式的溢出效应以及空间溢出效应，为科研效能注入源源不断的动力，促进科研协同整合创新，推动高质量成果产出，进而实现整个社会科研环境和经济环境建设的良性循环。

跨学科程度对知识溢出的影响效应会根据文章作者性别结构的异质化产生一定的差异。例如，当选取前两位作者均为男性样本时，跨学科合作程度能够促进知识溢出的扩散效应及共享效应。当选取前两位作者均为女性或均为男性的样本时，其团队跨学科度能够促进知识溢出产生显著的影响；当选取前两位作者为男性和女性的样本时，其团队跨学科度能够对知识溢出效应产生显著的影响。也证明了当科研成果由多位科研人员共同合作完成并且合作者存在跨学科合作情况时，跨学科合作都能促进不同学科知识间相互融合，并在此过程中造成指数式的溢出效应，而知识溢出效应增强科研产出的内在动力，提升科研产出效率以促进整个社会的科研创新平稳而快速增长。

跨学科度对知识溢出的影响效应在不同阶段呈现出明显差异。2017—2019 年政策酝酿及提出初期，相关配套措施尚不完善，落实深度不足。此阶段跨学科合作虽能有效打破学科壁垒，促进知识的初步交流与扩散，但因缺乏资金、平台等系统性支撑，其产生的知识溢出效应难以有效转化为实质性的协同科研产出增量，合作更多停留在信息和理念层面。2020 年后，随着各项配套政策的深入落地与细化执行，跨学科合作获得了坚实的制度保障和资源支持。这种环境的优化促使合作模式从浅层交流转向深度融合攻关，知识溢出的路径更为畅通，效率显著提升。同时，深度协作也直接激发了跨学科团队的创新活力，使得知识溢出不仅能广泛传播，更能高效地转化为高质量的协同科研成果，实现了"扩散"与"产出"双重促进效应的跃升。

基于理论分析和实证结果的研究内容，得出跨学科整合创新研究具有重要价值与意义，提出如下的相关措施与建议以便于跨学科的持久深入发展：

(1) 大力推进跨学科在各个领域的发展。积极参与跨学科发展是未来的必然选择。目前，国家高度重视高校等各个领域的跨学科研究发展，突出跨学科组合以顺应国家战略发展的要求和世界科技发展的需要。促进知识转化和知识生产模式的转型，高校等各类科研机构应当积极利用当前的信息优势、技术优势以及知识溢出，将不同学科聚集，使其充分融合，相互交流，加速跨学科科研合作，大胆尝试，寻找最适合自身特点的跨学科发展道路，最大化促进知识溢出，形成知识溢出的良性循环，这有利于更大程度地提升科研产出效率，避免知识在其转化过程中产生"空转"现象，推进科研合作与科研产出的协同发展。

(2) 为高校跨学科发展提供切实有效的支持。高校应鼓励跨学科发展，并积极建立跨学科平台，应更多探寻跨学科发展路径，增强创新性，积极响应国家政策，并完善托底保障措施，帮助科研人员降低跨学科风险的不确定性。帮助学者跨越学科限制，更好开展跨学科研究。鼓励科研人员积极申报跨学科研究项目申报，并对其项目提供有力资助，保证后期有足够持续稳定的财力资助持续推动项目，减小科研人员跨学科的风险与负担。顺应时代发展与当下国际形势，通过发展充分促进学术共同体的交流与合作使其产生积极作用。

(3) 充分关注科研人员及研究团队跨学科研究工作的开展与推进。顺应政策发展，充分助力跨学科研究向纵深发展，防止跨学科研究仅仅浮于表面，如理论方面研究更加严谨细致化，模型构建更加科学化，研究方法上更加多元化，使跨学科更能体现知识融合与共享，促进知识溢出。跨学科研究科研团队要规划深度的跨学科研究策略，对科研团队跨学科组织的设立以及项目的支持做好统筹工作。充分响应高校激励政策，转变结果导向的逻辑，将目光聚焦于科研人员项目本身的推动上，真正给予科研人员跨学科研究开展与推进的动力与支持，推动其跨学科研究向长远发展。

(4) 地方政府与科研机构着力改善知识溢出外部环境。在金融环境、教育环境、市场环境和信息环境等方面对创新活动形成有效的支撑，最大限度地发挥知识溢出的各类效应，提高产学研知识资本水平，重点聚焦投入知识溢出创新效应较高的关键核心技术，加大规划力度和投入程度，提高知识溢出全方位水平。此外，要加大研发人员的区际流动，通过提高研发人员的流动性来扩大知识外溢的空间半径，提升知识溢出的扩散效应。以此提高创新资源的空间配置效率，最终推进更高空间层次创新效率的提升。完善知识产权保护制度，形成知识溢出、创新活动和协同研发的良性互动，实现知识溢出共享效应。加速技术的转化，使先进知识的外部性得以不断发挥，将学术性与应用性相结合，更好地实现科学创新。深入地探究跨学科科研合作创新绩效的影响因素，跨学科科研合作行为到创新生产力的转化机制，以及对跨学科科研合作生产力的评价指标体系构建和应用，最终目的在于推动支持创新、科学进步并解决关系人类发展重大复杂问题，促进整个社会向前发展。

第 6 章　跨学科整合创新平台建设

6.1　引　言

20 世纪以来，随着社会的发展和信息的超载，科学研究面临的复杂问题变得越来越开放、复杂和多维，已远离了严格的学科中心，很难用传统的学科视野去划分和处理，因此跨学科创新研究是现代科学技术发展的主导范式，是产生突破性创新的主要方法与途径。当前科技创新的跨学科整合与多技术融合的特征更加明显，多领域的颠覆性技术突破大多数是跨学科整合的成果，如生物技术，新材料等。科技创新指科学技术领域的创新，涵盖两个方面：自然科学知识的新发现及技术工艺的创新。信息化时代的大学、科学工程研究等研究机构是基础科学技术创新的基本主体，而跨学科创新已经成为基础科学技术创新的必然趋势，跨学科背景下的创新拓展了知识发现、科学进步乃至社会发展的途径，因此在国家创新发展战略驱动下，众多高校和科研院所组建了一大批跨学科研发组织，这些跨学科研究组织是跨学科创新的主导力量。随着信息技术飞速发展，科研环境和生态日新月异，大数据研究、数字学术、云计算、5G 等多学科创新的技术成果从各方面推动了科技资源的开放共享，科技资源开放共享是贯彻落实国家科技发展战略，全面推动科技进步和经济发展，切实提升我国创新能力和竞争力的重要举措。

建构网络平台指的是基于互联网技术的新型学习方式，通过网络平台可以获取多种知识的融合共享，这是一种良好的跨学科资源整合与创新模式，可让学习成为一种更加灵活、更加高效、富有趣味性的体验。跨学科创新已经成为基础科学技术创新的必然趋势，科技资源的开发共享保证了各高校跨学科合作研发的高效运行和可持续发展，构建网络整合创新平台迫在眉睫。

建设高校跨学科创新网络共享平台可以为跨学科研究机构的资源需求和成果提供多样化的共享平台，让不同学科、不同高校的科研人员通过网络交流的方式凝聚在一起，打破科研组织壁垒，以自由选择的方式形成团队，体现了较强的灵活性，减少了磨合时间，提升合作效率。中国科技资源共享网，创新资源共享服务平台（IRSP）以及各省市的创新合作科技服务平台等为高校科研人员开展跨学科创新提供了不可缺少的帮助，保证了各高校跨学科合作研发的高效运行和可持续发展。但是目前，缺乏一个面向高校跨学科团队且能够用统一标准整合高校所有学科创新资源的网络分享平台，这制约了学科资源的共享与利用效率，使高校跨学科创新团队在寻求资源时仍存在结构上的供需不匹配。

基于互联网和大数据时代的信息化技术，遵循中国科技资源网的运行机制，总结最佳实践，从资源共享的视角出发探究高校跨学科整合创新网络平台建设的方案和结构，以期通过搭建专业化、可视化、智能化、动态化的高校跨学科创新资源网络共享平台，形成全方位的跨学科创新资源共享数据库具有重要的需求和意义。根据跨学科科研合作与创新的需求与特点，为高校研究机构多领域的跨学科创新研发提供及时有效的资源共享网络创新平台，不仅满足新时代国家创新发展战略和科技资源的需求，也解决了单一学科下的个体或者项目团队在创新研发中资源封闭、搜索数据困难，渠道单一等问题，具有重要研究价值。

6.2 平台建设的意义

在大数据作为产品的信息化时代背景下，科技创新资源作为一种重要的数据资源，对推动科技进步、实现社会快速发展、提升国家综合实力具有重要的作用。广义的科技创新资源是指科技活动中涉及的人才、设备、平台、信息、数据、基地等要素资源的集合，一般将能够促进科技发展、产业创新、社会进步的各种要素和条件视为科技创新资源。我们可以将大部分可以共享的跨学科科技资源归类为科技信息资源和科技物力资源，具体括科技文献、科学数据、自然科技资源、科研设施与仪器等资源。而近年来，大数据、人工智能等新兴信息技术快速发展，使得科学数据、科研设施与实验材料等科技资源的产生、流通和使用越来越频繁，科技创新资源信息数量呈指数级增长。海量、异构、分散科技资源增加了资源获取与使用难度，在增加创新成本的同时也降低了创新的效率。为了保障跨学科创新研发的顺利进行以及创新成果的有效产出，科技创新资源共享平台的重要性日益凸显。高校跨学科研究团队是科技创新体系建设的重要组成部分，跨学科创新资源共享服务平台是协同研究团队发挥功能的重要载体。

构建跨学科知识网络平台的优点主要有以下几点：一是互动性强，各个学科团队成员可以互相交流和分享信息，进行跨学科相互学习、启发与互动；二是灵活性高，各个学科团队成员可以根据自身的需求选择跨学科平台上可以利用的共享资源，并通过知识网络平台共享各种资源，如文献、视频、演示文稿等，从而可以更加高效地获取知识。知识网络平台的应用领域非常广泛，研究领域可以通过这种方式互相分享经验和研究成果，加快科研进程。企业管理可以通过构建知识网络，实现员工之间的信息共享和知识转移，提升团队的创新能力和竞争力。

如图 6－1 所示，跨学科平台建设可以弥补高校科研资源分散的现状，目前高校跨学科组织数量的校际差异显著，资源分布不均衡，可通过平台建设科研在跨学科创新研发过程中，将不同高校不同学科的科研人员通过涉及多个学科的科研项目形成合作研发关系。我国高校的跨学科研究平台建设主要分为以下阶段：(1) 2010—2015 年：这一时期，中国政府开始重视创新驱动发展战略，并提出了加快科技创新成果转化的要求。特别是在“十二五”规划中，跨学科的科研合作和平台建设被多次强调，许多高校和科研机构开始逐步建立跨学科平台。这段时间还见证了大数据、物联网、人工智能等新兴领域的兴起，跨学科合作需求急剧增加。(2) 2016—2020 年：这个时期是中国跨学科平台建设的一个显著高峰，尤其是随着“十三五”规划的实施。国家加强了对跨学科研究平台和科技创新平台的支持，推出了多个专项计划。例如，国家重点研发计划和创新人才推进计划推动了跨学科协作。同时，科技园区和创新孵化平台也开始注重跨学科融合，使得产学研合作进一步深入。(3) 2021 至今：随着“十四五”规划的发布和科技创新的持续推进，表明中国的跨学科平台建设进入了新的阶段。特别是在人工智能、生物医药、量子科技、5G、绿色低碳等前沿领域，跨学科平台逐渐成为推动国家创新和产业发展的重要支撑。政策的进一步支持以及科技基础设施的不断完善，使得跨学科平台建设在此阶段依然保持高峰态势。

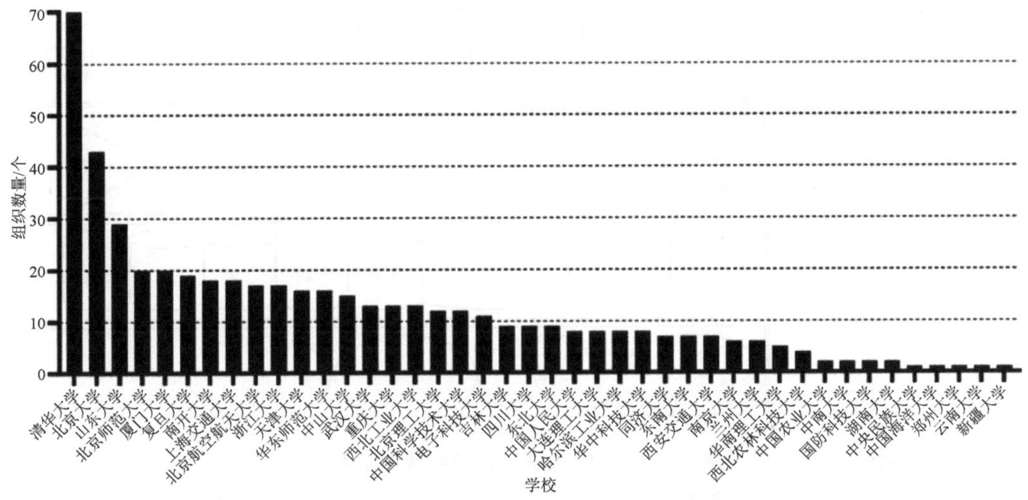

图 6－1　研究型大学设立跨学科研究组织数量

来源：焦磊，余宜荣等 2023 年《我国研究型大学跨学科研究组织建制、问题及对策》。

6.3　平台运行框架与功能

本研究将科技成功扩展到超越传统学科界限的领域需要多个创新主体的共同努力，以跨学科合作研究为导向，寻求更多的科研人员和技术支持，有效地推动跨学科科研合作的开展，促进跨学科创新能力的提升。此外，我们可以通过多种方式激励和推进跨学科科研合作，包括设立多样化的合作项目资助、提供共享的资源和服务、提供跨学科的学术交流机会等，极大地增强不同学科科研人员开展合作研究的积极性。为跨学科研究机构的资源需求和成果提供多样化的共享平台，让不同学科、不同高校的科研人员通过网络交流的方式凝聚在一起，打破了科研组织壁垒，以自由选择的方式形成团队，体现了较强的灵活性，减少了磨合时间，提升了合作效率。学术交流平台和基础设施共享在合作研发的三个阶段均起作用：首先，开放多样的学术交流和集成共享的网络平台为组建合作团队提供了机会，能够促进合作的形成；其次，使合作者在合作过程中，沟通理解程度和资源利用率更高，合作效果得以保障；最后，网络平台推动了创新成果的产出，有利于科学发现和突破，解决国家创新战略的各种重大问题。

6.3.1 平台运行框架

高校跨学科资源共享服务平台从逻辑上分为五层结构（图 6－2），5 个层次既相互独立又相互联系，依次是用户层、功能层、功能支撑层、数据层和运行支撑层。

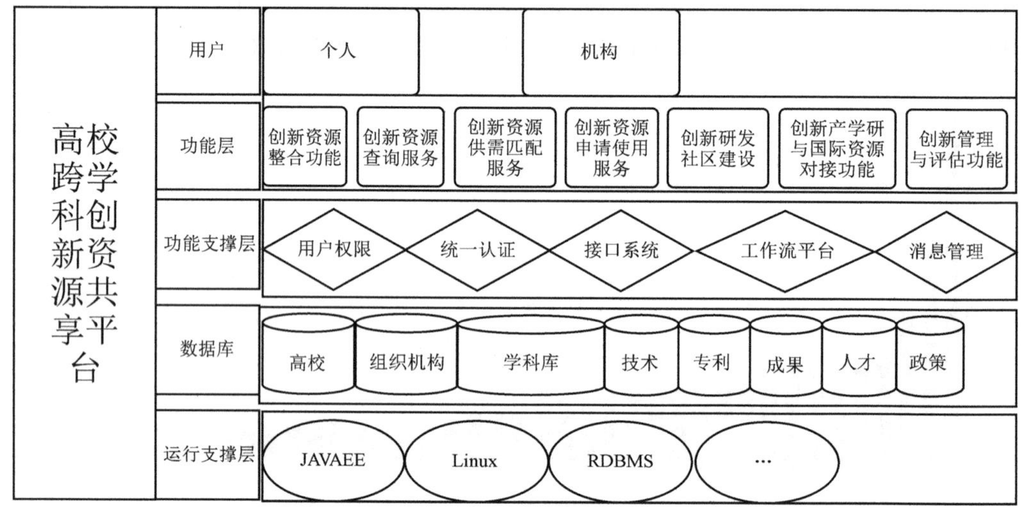

图 6－2　高校跨学科资源共享服务平台

图表来源：雷文利等 2023 年《基于 GIS 的科技创新资源共享服务平台构建研究》。

6.3.2 网络平台的主要功能

1. 创新资源整合功能

创新资源整合功能包括高校科技资源上传，资源空间定位，运行管理三个模块。科技资源上传窗口中高校可以将本学校开设的传统学科、交叉学科等信息和其他不属于高校所属研究组织的学校公共资源上传至平台。高校所属的研究组织可以将自己机构拥有的创新资源上传到平台，包括团队人员、设备技术、研发基金、数据、专利及成果等，除此之外，还可以分享研发组织的管理模式，运行方式等相关经验。科研人员有权利将自己的具体信息进行上传和修改，包括简历、联系方式、职务、就读专业，专业知识、具体研究方向和研究领域，擅长的研究方法，参与过的科研创新项目，研发中的具体负责工作、发表论文，出版物，以及其他技能。

资源所有者将资源进行上传以后，可通过创新资源空间定位功能整合高校传统的学院和研究组织、跨学科研发创新组织、新兴学科，科研人才、载体等创新资源，建设该平台科技创新资源数据库，实现科技创新资源数据的统一采集、存储等数字化管理。同时，运用 GIS 技术和数据可视化技术，基于各类科技创新资源的所在位置，将科技创新资源信息和空间数据结合起来，实现创新资源在地图系统中的地理空间展示和地理定位等服务。高校研究机构和科研人员可以直观看到数字信息、人才和仪器设备等实体资源各类资源所在位置，并且可以通过该服务在平台上搜索自己创新研发过程中所需的资源，还可以定位距离自己最近或者最快可以使用的资源。该服务不仅可以为高校跨学科创新中所需的人才和仪器设备的共享提供支持，很大程度上还可以提高资源共享的效率。

在对用户上传的科技创新资源进行数字化管理过程中，根据这些资源的不同特点对其进行分类归纳，动态监测。按照资源的所有者归纳到具体高校；根据其学科不同可分为传统学科、交叉学科、新兴学科、跨学科等。还可以对系统进行深度开发，形成一套合理的标准，对个人和团队的跨学科能力进行评价，从而构建多角度、全方位的科技创新资源共享平台。可以将高校跨学科平台链接到中国科技资源共享网，实现资源在平台的同步更新，同时用共享网的科技资源标识符（CSTR）对资源进行运行管理。实现科技创新资源的立体化建构，多维度保障跨学科创新的研发过程。

2. 创新资源搜索查询功能

在各高校研究机构、人才等科技创新资源的基础上，集成全国高校的学科、技术、成果、专利、政策、数据、人才、研究中心等信息，同时，链接各类科技创新资源共享网站，形成庞大的跨学科创新资源数据库，为用户检索提供数据支撑，满足各类用户对资源搜索的需求，实现科技创新资源等信息的普通检索、高级检索，提供科技创新资源的快速查询服务。同时，利用创新资源空间定位和运行管理，对数据库的各类型高校、研究机构、人才等创新资源的数量和分布进行空间动态展示，分析出各个组织的优势创新资源和各类科技创新资源分布现状。一是通过科技创新资源多元融合数据的统计分析，实现科技创新资源按高校、区域、学科的统计、对比、可视化等的数据分析。二是根据高校、研究机构等科技创新资源的集聚程度形成颜色深浅不一分类，为政府、科研人员系统全面了解高校和学科创新资源存量提供数据支撑。使科研人员，科创组织，尤其使有跨学科需求的科研创新团队，较为全面地了解各类科技资源特点的同时，检索到自己所需的资源。

通过查询服务，共享平台可以成为不同高校，不同研究中心，不同学科的科研人员了解彼此的桥梁，例如，有意向寻找合作者的科研人员可以通过该系统查找和了解不同学科科研人员的信息。除研发组织外，政府相关部门和企业，研发资助机构部门也可以直观了解科研项目的具体情况，适时为相应的项目提供政策和资金支持。形成创新过程中高校间优势学科和弱势学科互补的良好态势，通力合作，优化高校内学科配置、产业发展规划布局，同时，通过加强对科研热点分析研究，对准确提炼前沿科技动态，制定针对性的科技政策提供支撑，为开展高效的创新活动指明参考方向。

3. 创新资源供需匹配服务功能

如果用户通过创新资源查询服务搜索到的信息很多，自己匹配最佳资源耗时耗力，可以用平台的供需匹配服务。该服务主要针对高校跨学科创新过程中遇到的人才、资金、设备、信息、技术等不同类型的科技创新资源与服务需求，在创新资源共享的基础上，对收集到的数据进行集聚与整合，通过服务资源筛选和模块化组合，为跨学科创新的全过程提供资源匹配。一是匹配出针对某一科研领域而成立的跨学科创新组织在团队组建过程中所需的科研人才。合适的合作者是推进跨学科创新并保证合作高效性的重要前提。人才可以来自本校本学科，本校其他学科，其他高校，如果所需的学科人才，本校没有开设该类学科，那么平台的匹配服务可以搜索匹配其他高校的人才。如此不仅可以打破不同学科的壁垒，还可以打破高校之间的壁垒。匹配系统帮助科研人员和机构快速寻找跨学科的合作者，并获得联系方式直接与他们沟通。极大地提高了合作的可能性，为跨学科合作提供人才方面便利。二是在跨学科团队研发过程中，为其匹配所需要的技术、仪器设备、统计数据、研发数据、建模工具、分析软件和命令等硬件和软件支持。

创新资源供需匹配系统具备的功能，一是能有效识别甚至预测高校跨学科创新的资源需求；二是集聚科技创新资源，包括高校、科研院所、实验室、平台等各自的学科优势资源；三是运行匹配命令，首先解析研发团队上传的跨学科资源需求的信息，而后根据用户的资源需求对数据库存储资源进行检索，最后为其筛选出最适合该团队的资源；四是大大缩短用户匹配最佳资源所需的时间，省去跨学科研发各个环节中因为寻找资源而耗费的时间，提高创新效率。

4. 创新资源申请使用服务功能

在以上功能的基础上，开设创新资源的申请使用服务，当科研人员在研究过程中如果需要用到自己所在的高校实验室没有的仪器设备，核心设施和服务，通过在该平台上检索，进一步匹配到自己需要的资源后，可通过创新资源申请使用服务系统向有这些资源的高校或研究中心进行申请，预约和使用。例如需要用到数据库等数字资源时可以向高校申请使用权限，要用到仪器等实体资源时可以向所有者申请使用，待对方批准后可协调使用时间，同时可以申请技术支持等。

5. 建设创新研发社区功能

网络平台为科研人员了解新的发现、技术和想法提供交流平台 Stone 等以杜克系统生物学中心(Duke Center for Systems Biology)自由开放的学术交流模式为例，认为发明一种可以让不同学科的科学家交流的共同语言，制定科学交流计划，可以增强不同学科研究人员之间的交流合作。科研人员的凝聚力会促进跨学科科研合作团队的组建和项目的开展，增强合作实施和产出的效果。在此基础上，科研人员的交流与合作是跨学科科研组织高效运行和创新的重点内容。因此，可以在共享平台中设置一个社区用于科研人员的交流。社区将各高校，各个学科和领域中对同一问题感兴趣的科研人员聚集在一起；分享各自学科的前沿问题，科研人员在共享平台社区中分享他们的研究成果，展示出他们的数据来源，分析方法等。在轻松愉悦的氛围中加强学科的融合联系，有利于跨学科创新成果的产出。

6. 创新产学研和国际资源对接功能

通过科技成果转化、技术需求发布、专利转让等服务，促进企业、高校、科研机构间的合作，加速科技成果向生产力转化。当企业有技术需求时，可以在网站上发布需求信息，高校和科研系统看到后可主动对接，提供相应的技术解决方案；反之，高校和科研级沟有新的科研成果需要转化时，也可在网站上发布成果信息，寻找有意向合作的企业。及时发布国内外相关领域在资源建设、共享服务、开发利用、运行管理等方面的重要工作动态及进展成效，为中国科研人员和机构获取国际前沿信息提供了窗口。

7. 创新管理与评估功能

协助政府部门和相关机构对产学研合作项目进行管理，包括项目申报、立项、实施、验收等环节的信息化管理，提高了项目管理的效率和规范性。同时，共享网还可以对项目的执行情况进行监测和评估，及时发现问题并提供解决方案。同时，具备绩效评估监测功能，对科技资源共享和产学研合作的绩效进行评估和监测，为政府部门制定政策和配置资源提供依据。通过对各项指标的分析和评估，了解科技资源共享和产学研合作的成效和不足，为优化管理和服务提供参考。

6.4　中国科技资源网的运行机制

中国科技资源共享网完成全新升级改版后，初步整合了部门、行业和地方的科技基础条件资源信息，设置了资源目录、国家科学数据中心、国家资源库、服务案例、资源标识、数据汇交、平台中心等窗口，将科技资源信息分为科学数据、生物种质与实验材料、重大科研基础设施、大型科学仪器设备，期刊文献五大类，构建了互联互通、开放规范的科技资源标识体系，多维度提供科技资源信息整合服务、标识服务、信息检索服务，绩效评估监测和用户单点登录等功能（图 6－3）。以科技资源标识为核心识别和管理科技资源，塑造开放共享的资源信息生态，形成功能强大的科技资源管理网络体系与共享服务平台。共享网不仅是我国科技资源信息汇集中心，也是科技创新成果展示的窗口。共享网作为科技资源共享服务的门户，是国家科技资源目录管理的总中心和统一入口，也是科技相关工作者获取国家平台科技资源服务的总平台。

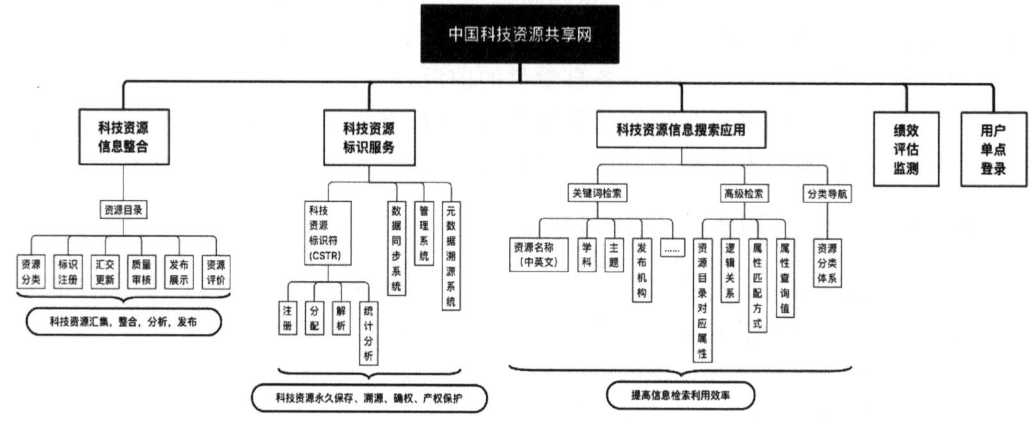

图 6－3　中国科技资源共享网服务平台

中国科技资源整合共享网络平台提供以下服务：

1. 科技资源信息整合服务

整合各领域多部门的科技资源信息，有效促进科技资源开放共享。

科技资源信息管理包括科技资源信息的汇集、整合、分析和发布，是促进科技资源被更好地挖掘利用的重要途径。依托共享网根据科技资源元数据汇交相关标准，对科技资源名称、标识符、关键词、具体信息等进行收集整理，在 3 619 154 个资源目录的基础上进行资源分类、标识注册、汇交更新、质量审核、发布展示、资源评价等科技资源管理工作，按照科学数据、生物种与实验材料、重大科研基础设施、大型科学仪器设备进行分类，其中科学数据内含高能物理等 20 个科目，生物种质与实验材料包括林业等 30 多个资源，1.4 万套以上的科学仪器设备资源信息，对接区域平台建设与资源共享，联动地方科技资源共享，保证科技资源的高质量、形成资源信息通过共享网统一检索和发现、资源实体由各平台独立服务分布式服务架构，保护知识产权的同时提高了科技资源的共享效率如图 6－3 所示。

此外，共享网专门设置了主题资源模块，以专题为单位，按照时间线有序排列，及时更新专业全面的科技资源，资源目录如图 6－4 所示。主题资源模块主要围绕国家战略需求、重大时事热点和突发性自然灾害等，组织各领域国家平台对资源进行深度挖掘，重新筛选出的某一专题资源的集合，如 LAMOST 光谱巡天数据、经济微藻物种等专题。实现科技资源的有效整合与梳理展示，让用户高效搜集到所需资源。尽可能保证资源的全面性。截至 2025 年 4 月，共享网收纳国家人口健康、国家计量科学、国家农业科学等 20 个国家科学数据中心，31 多个国家生物种质与实验材料资源库，整合了超过 300 万条资源数据。其中，科学数据类科技资源目录超过 10 万条，生物种质与实验材料类科技资源目录超过 268 万条；重大科研基础设施信息 82 条；大型科研仪器信息超过 10 万条，实现了跨部门、跨学科、跨地区的科技资源信息的有效集成，同时实现科技资源的信息共享和实体共享，进一步促进了科技资源的开放共享和高效利用。

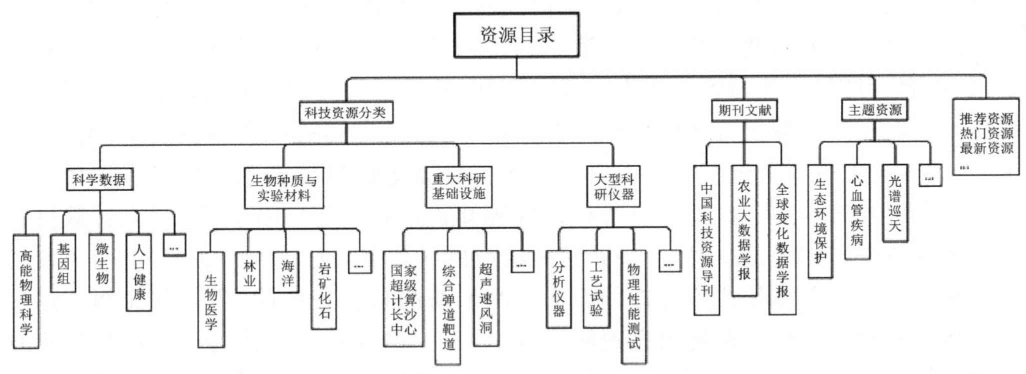

图 6－4　中国科技资源共享网科技资源目录

2. 科技资源标识服务

搭建科技资源标识体系，提高科技资源管理效率。科技资源标识符（CSTR）是科技资源的唯一统一编码，也是资源管理、服务、流通和评价、资源确权和溯源的唯一资源关联号。根据《GB/T 32843—2016 科技资源标识》国家标准，由中国科技资源代号、注册机构代码、类型代码和内部标识符 4 部分组成。依托共享网提供标识服务如图 6－5 所示。科技资源标识符能够保障科技资源发现、查找和统计中的唯一性和永久性。科技资源标识系统建设是科技资源开放共享框架的重要组成部分，是推进科技资源开放服务和稳定管理的重要基础设施和服务，为国内科技资源的规范化管理和统一标识奠定坚实的基础。依托共享网形成了分布式科技资源标识系统数据同步协议，开发了分布式科技资源标识管理系统、数据同步系统及元数据溯源系统，实现了科技资源标识的在线注册、分配、解析、统计分析以及科技资源核心元数据的永久保存和溯源等功能。

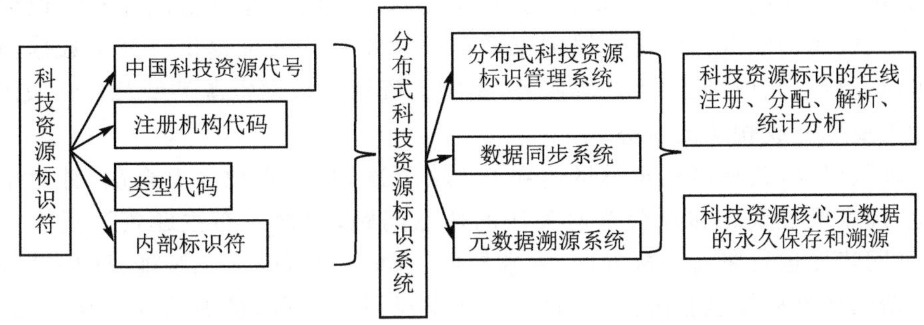

图 6－5　中国科技共享网科技资源标识服务

截至2025年4月，共享网已注册科技资源标识符总量达4 238 414条，注册标识机构66个页面访问量47 763次，解析量3 853 569次。科技资源标识代理机制包括北京航空航天大学、中国科学技术信息研究所、中国科学院计算机网络信息中心。科技资源标识体系的构建规范了标识符编码规则及标识符管理与使用等，为科技资源定位、追溯、引用、统计与评价提供了极大便利，并推动与其他机构建设运行的相关标识体系实现互认。标识符使用指标识符登记后，其对应的科技资源被引用、发布、加工、转载等全生命周期过程中标识符的使用。已登记的科技资源标识符应符合国家有关规定可开放、可获取，且对应的科技资源知识产权清晰。各机构、个人转载科技资源或科技资源相关信息时，应一并转载对应的科技资源标识符。各机构、个人使用科技资源或科技资源相关信息进行加工并产生新的科技资源时，应一并注明使用过的科技资源的标识符。在使用规则的规范下，不仅可以提升科技资源管理规范化和标准化的能力，还可以提高科技资源管理与共享服务的效率，保障科技资源的所有权确认、溯源及产权保护。

3. 科技资源信息检索应用服务

提高信息检索利用效率，有效服务用户需求。共享网的科技资源信息检索由关键词检索、高级检索与分类导航组成，用户可以在检索框中输入关键词进行查询，也可以通过资源分类体系进行分类查找。将搜索出的大量资源按照相关度、时间、浏览量进行排序。按照资源目录、动态信息、服务案例设置筛选条件。共享网针对科技资源的搜索提供了高级检索，方便用户多角度定位资源，按照逻辑关系，资源目录对应的属性、属性匹配方式及属性查询值及属性所占权重与检索内容相对应。提供资源的英文名称，学科分类、主题分类，关键词，发布机构、描述，资源生成日期，最近发布日期，中英文引用方式、评分、资源信息链接发布地址以及资源共享方式和资源服务机构信息。用户可以通过模糊查询、前缀查询、分词模糊查询等多种筛选方式查询自己所需的资源。资源检索的实现流程包括科技资源所有方或服务方将科技资源目录汇交到对应的国家平台，各领域国家平台根据元数据标准将目录信息整合并汇交到共享网，再由共享网建立资源目录索引和分类树。当用户通过信息检索定位到目标资源后，该资源的获取由资源所属国家平台的在线服务系统提供。其中数据信息类资源可通过线上完成浏览、下载等服务，实物类资源则根据资源类型及各领域国家平台的相关要求完成相应的服务。

自改版以来，共享网浏览总量达到了122万次，检索次数8万余次，针对平台资源特色、国家发展重点和社会普遍关注的热点问题，建设发布主题资源近百个。此外，共享网建设运行坚持目标导向、需求导向，面向大数据、人工智能、区块链等先进技术驱动的新型科技创新范式，及时整合各学科科研资源，扩展系统功能，为跨学科创新提供日益丰富和有效的科技数据信息服务，为科技研发提供数据信息、实体资源等支撑服务。

6.5　平台典型服务案例

1. 支持前沿突破

国家健康与疾病人脑组织资源库助力厦门大学团队在阿尔茨海默病（AD）研究领域取得突破性进展。该团队围绕磷酸化 tau 蛋白 217（p－tau217）在 AD 神经退行性变中的作用展开研究，揭示了其关键致病机制，并开发出创新性免疫治疗策略。相关成果于 2024 年发表于国际权威期刊 Neuron，为 AD 防治提供了新方向。

AD 作为最常见的痴呆类型，全球约 60％～70％的痴呆病例由其引发，其核心病理特征为 tau 蛋白过度磷酸化形成的神经纤维缠结和神经元丢失。当前临床药物仅能缓解症状，无法阻止脑萎缩进程。研究团队发现，尽管 Aβ 蛋白触发 AD 病理级联反应，但 tau 蛋白才是神经变性的直接介质，团队成功研发出特异性靶向 p－tau217 的单克隆抗体 mAb2A7，相较传统总 tau 靶向治疗引发运动障碍的副作用 mAb2A7 在保持疗效的同时未损害小鼠运动功能，展现出更高的治疗安全性。该研究不仅阐明 p－tau217 在 AD 神经变性中的核心作用，更开创了精准靶向致病性 tau 形式的治疗新范式，为突破现有 AD 治疗困境提供理论依据和实践路径，对应对老龄化社会重大健康挑战具有重要临床意义。

国家健康与疾病人脑组织资源库依托中国科技资源网在此研究中发挥重要支撑作用，通过规范化流程完成样本资质审核、组织样本采集、储存及运输，确保样本质量与信息完整性。作为国家级生物样本资源共享平台，其专业化的服务体系为 AD 病理机制探索和新型治疗策略开发提供了可靠保障。

2. 助力产学研合作

国家模式与特色实验细胞资源库通过提供关键细胞资源与技术服务，助力北京美迪姆科技发展有限公司在生物医药领域取得突破性成果。2020—2022 年服务期间，资源库针对 CAR－T 细胞疗法研发中的技术瓶颈——传统 T 细胞培养基依赖血清、扩增效率低且安全性不足的难题，以及抑制性 T 细胞在免疫调控中的临床应用需求，为企业提供了标准化实验细胞资源和创新解决方案。通过系统调研生物医药行业共性需求，资源库定向保藏并提供了 6T－CEM、Jurkat 等关键细胞株，并开发出细胞产品研发全流程技术支持体系。

在技术突破方面，资源库支撑企业成功研发一种人 T 淋巴细胞培养用的无血清培养基及制备方法，该培养基通过优化细胞因子组合实现完全无血清培养，显著提升 T 细胞活性与扩增效率，为 CAR－T 疗法规模化生产奠定基础。同时，针对抑制性 CD8＋CXCR3＋IL－10＋T 细胞的筛选与应用，资源库协助企业开发出新型免疫调节技术，相关专利”抑制性 T 细胞及筛选方法和抑制自身免疫反应中的应用”成功授权。这些创新不仅解决了传统免疫疗法中细胞扩增效率低、异体血清引入安全隐患等问题,更在肿瘤治疗、自身免疫疾病干预及器官移植排斥控制等领域展现出重要应用价值。

资源共享网推动企业将科研成果有效转化为市场竞争力,两项专利技术已产生显著商业效益。这一合作模式不仅加速了细胞治疗技术的临床转化进程,更通过标准化资源供给和技术服务体系的建立,为生物医药产业创新发展提供了可复制的范例,有力推动了我国细胞治疗领域的科技进步与产业化升级。

3. 服务项目评估

国家地球系统科学数据中心于 2020 年承接了中国工程院"打赢蓝天保卫战三年行动计划"终期评估项目,旨在为国务院 2018 年启动的大气污染防治行动提供科学支撑。该计划以降低 PM2.5 浓度、提升空气质量为核心目标,明确要求对 2020 年全国及重点区域污染物排放总量、空气质量改善成效进行系统评估。项目通过整合多元监测数据与科学分析方法,对 2013—2019 年大气污染治理成效展开独立评估,重点验证京津冀、长三角、珠三角等区域环境空气质量监测网中 PM2.5、PM10 等六项参数的日均浓度数据。

依托资源共享网平台的覆盖全国的大气环境监测网络,联合中国气象局和高校科研力量,采用第三方本底观测数据与国家站点监测数据交叉验证的创新模式,确保评估结果的客观性和权威性。特别针对 PM2.5 成分和挥发性有机物(VOCs)开展源解析,通过对比城市站点数据揭示污染源演变特征。评估工作不仅系统分析了各项治理措施的实施效果,还通过多维实验观测与多方独立验证,构建起科学严谨的分析框架,为终期评估报告提供了关键数据支撑。项目成果既客观反映了空气质量持续改善的趋势,也为后续大气污染防治政策的优化提供了重要依据,有力助推了"蓝天幸福感"的民生工程实施。

4. 提供全周期数据支持

国家天文科学数据中心于 2025 年为河北师范大学、中国科学院紫金山天文台等研究团队提供了关键数据支持,助力其基于郭守敬望远镜(LAMOST)光谱数据发现 14 颗新型长寿命原行星盘(Peter Pan Disk),相关成果发表于国际权威期刊 The Astronomical Journal。原行星盘作为恒星演化与行星形成的核心研究对象,传统理论认为其寿命普遍短于 500 万年,但近年观测发现部分星协成员星虽年龄超过千万年,却仍保有活跃的吸积现象和星周盘特征,这类打破演化规律的特殊天体被命名为"Peter Pan Disk"。研究通过系统分析 LAMOST 光谱数据,结合多波段测光数据、SED 拟合及等龄线拟合技术,实现了对此类天体的突破性探索——新发现的 14 颗长寿命原行星盘使该类型天体样本数量接近翻倍,为统计研究奠定了重要基础。研究发现,这些古老原行星盘虽质量吸积率低于同类年轻恒星,但其吸积率随年龄变化的趋势与常规天体一致,且多与疏散星团成协,这为揭示原行星盘异常延寿机制提供了新线索。

依托资源共享网平台，国家天文科学数据中心在此研究中发挥了核心支撑作用，不仅提供 LAMOST 全生命周期数据服务，还构建了符合国际虚拟天文台标准的数据接口。截至 2023 年 10 月，LAMOST 数据已发布 47 个版本，包括面向全球公开的 DR8v2 数据、国内优先开放的 DR9v1 数据以及针对合作者的 DR10v0 数据，用户可通过光谱可视化服务与标准化检索方式高效获取数据资源。研究团队依托该中心构建的多维度数据平台，实现了对海量光谱数据的深度挖掘，特别是在疏散星团关联分析、吸积率演化模型构建等关键环节，数据中心的技术服务保障了研究过程的严谨性与结果的可验证性。此项成果由河北师范大学王小龙博士、崔文元教授与紫金山天文台房敏研究员领衔，联合西南交通大学、中科院等多机构学者完成，获得国家自然科学基金及河北省科技项目的联合资助，不仅拓展了行星形成理论的研究边界，更为未来利用 LAMOST 大规模光谱巡天优势开展天体演化研究树立了范例。

6.6　小　结

跨学科创新已成为解决国家重大战略问题、人类社会发展的重大问题、科学发展的重大问题以及推进学科和社会相融合的有力方法与工具。而科技创新资源的共享水平已成为一个国家科技创新能力的重要体现，中国科技资源共享网由国家天文科学数据中心等单位牵头提供了企业创新，社会民生类，重大科学研究等 500 条平台科技资源典型服务案例。包括服务名称、时间、对象和范围、背景和意义、成效、内容和主要方式以及发布单位等内容，充分展示了科技资源共享工作的成效。进一步证明运用互联网和大数据时代的信息技术手段构建资源共享平台，实现对科技创新资源尤其是跨学科创新资源的管理与共享势在必行。

平台服务囊括跨学科创新的整个阶段：跨学科团队组建阶段、跨学科创新研发阶段、创新产出阶段。其研究构建将有助于打破高校，学科以及地域之间的差距壁垒，破解各个科研院校，各个学科之间信息不对称、供需不匹配、合作不紧密的难题，推动学科和高校科技创新资源的汇集、展示、利用，并且提升科技创新资源利用效率，同时促进跨学科协同创新的成果产出，可以进一步建立学科联动、资源共享、供需匹配的运行机制，优化并提升科技创新资源、调整学科分布、改善创新资源分布不均衡问题。跨学科创新资源共享平台未来作为跨学科创新的重要载体，其长期运营问题还需要进一步探究。伴随着人工智能、元宇宙、微服务架构等新兴互联网技术的崛起，系统将朝着更为人性化、智能化的方向改进。提供集技术高效利用，资源精准筛选、专利成果转化等全程一体化服务，推动人才链、技术链、产业链、资金链深度融合。

随着科技的不断更迭、用户需求的不断提高，共享平台在技术水平、资源质量、服务水平以及决策支撑方面也需要与时俱进，同时加大宣传推广力度，吸引更多用户共享资源，提高共享平台在科技资源共享领域的影响力及引领作用。

第 7 章　跨学科建设案例分析

7.1　引　言

案例法是由美国哈佛大学法学院创始。1870 年兰德尔出任哈佛大学法学院院长时，法律教育正面临巨大的压力：其一是传统的教学法受全面反对，其二是法律文献急剧增长，这种增长首先是因为法律本身具有发展性，其次是在承认判例为法律的渊源的美国表现尤为明显，兰德尔认为：法律条文的意义在几个世纪以来的案例中得以扩展，这种发展大体上可以通过一系列的案例来追寻，由此揭开了案例法的序幕。案例法在法律和医学教育领域中成功激励了商业教育领域，哈佛大学洛厄尔教授在哈佛创建商学院时建议，要向最成功的职业学院法学院学习案例法，1908 年案例法在哈佛商学院开始被引入商业教育领域，由于商业领域严重缺乏可用的案例，哈佛商学院最初仅借鉴了法律教育中的案例法，在商业法课程中使用案例法。由此人们开始有针对性地研究和收集商业案例。

长期以来不同领域的研究者对案例研究有不同的定义。198 年罗伯特 K. 尹为"案例研究"做出了一个经典定义，即案例研究是一种经验主义的探究，它研究现实生活背景中的暂时现象，在这样一种研究情境中，现象本身与其背景之间的界限不明显，研究者只能大量运用事例证据来展开研究。案例研究是一种经验性的研究，而不是一种纯理论性研究。案例研究的意义在于回答"为什么"和"怎么样"的问题，而不是回答"应该是什么"的问题。

案例研究分为个案研究和多案例研究两种类型。一般单案例研究多用于对已有理论的证实或者证伪，多案例研究通过对不同案例获取信息和数据的方法，对共同点或者不同点进行比较分析，多案例研究比单案例研究具有更好的效度，也更具有普适性。本章采用多案例研究方法，对基于跨学科科研团队的整合创新路径进行探讨，选取代表性高校、团队及课程作为典型案例，国内跨学科科研团队选取清华大学的跨学科科研团队、北京大学的跨学科科研团队、复旦大学的跨学科科研团队、同济的跨学科科研团队和北京航空航天大学跨学科科研团队；跨学科产学研案例选取美国斯坦福大学、德国慕尼黑大学和国内顶尖高校的案例进行分析；最后对跨学科教育案例进行分析，包括厦门大学实验中心、北京邮电大学、南京师范大学的案例。

7.2　跨学科科研案例分析

7.2.1　清华大学跨学科科研团队

清华大学有多个跨学科科研团队，且都取得了或大或小的成绩，清华大学科研院时任副院长邓宁说：学科的交叉融合并不是学科间的简单合作，而是不同学科学术思想的交叉融合。这就要求从事交叉研究的师生，往往要对本学科之外至少另一个学科有较深程度的理解。自跨学科研究的兴起，清华大学也一直重视跨学科科研团队，成立了多个跨学科科研团队。接下来将详细介绍清华大学的几个跨学科科研团队及其成果。

1. 清华大学结构生物学高精尖创新中心

清华大学结构生物学高精尖创新中心依托清华大学生命学院进行研究，清华大学结构生物学高精尖创新中心的主要任务是探索跨学科、校际合作、高校与地方政府合作，有机整合技术开发、基础研究、成果转化，建设了长时间内世界领先的结构生物学中心，产生一批在科学史上具有影响力的原创性科学成果，并且在基础研究和技术开发的基础上，促进北京地区生物技术、生物制药产业等健康相关产业的发展，为中国生物学家融入国际大舞台搭建了良好平台。清华大学结构生物学高精尖创新中心有 25 个独立实验室，90 多个在站博士后和两百多个博士研究生，研究工作涵盖了现代结构生物学的诸多前沿领域，包括生物大分子机器、与疾病相关膜蛋白、肿瘤抑制因子、细胞凋亡调节蛋白和糖尿病药物靶点蛋白等重要生物大分子的结构与功能研究，并做出了一系列具有国际影响力的工作。成立以来，中心人员以第一和通信作者身份累计已在国际学术期刊 *Science*、*Nature*、*Cell* 发表原创性科研成果 71 篇，在其他国际刊物发表论文数十篇，产生了较大的国际影响，为我国结构生物学的发展做出了贡献。

仅在 2022 年，清华大学结构生物学高精尖创新中心发表在其官网的科研成果就有 34 项。例如时松海课题组在 *Nature* 发文揭示调控大脑新皮层神经元空间精细结构排布和环路组装的新机制，该研究首次揭示了细胞表面分子 clustered protocadherins (cPCDHs，集簇性原钙黏蛋白)在大脑新皮层兴奋性神经元中的组合表达呈现规律性，并且这种规律性表达调控新皮层神经元的单细胞水平精细空间结构排布和功能神经环路组装，为深入理解大脑结构和功能提供了全新的分子机制；王宏伟与其合作者共同研发新型功能化石墨烯用于改善冷冻电镜优势取向问题。在该研究中，他们合成了多种带有不同电荷性质基团(如氨基和磺酸根)的重氮盐分子，并利用这些重氮盐分子对 CVD 生长的石墨烯膜进行功能化修饰，进而获得带有不同电荷性质的石墨烯支撑膜。他们利用石蜡作为转移介质，将石墨烯支撑膜洁净转移到电镜载网上，用以冷冻电镜样品制备。

2. 清华大学跨学科团队的联合设计作品:热响应服装设计

2022 年 12 月,清华大学跨学科团队的联合设计作品“热响应服装设计”荣获了 2022 红点设计概念奖,并应邀在 2022 年荷兰设计周(DDW)埃因霍芬进行展出。荷兰设计周(Dutch Design Week)是欧洲地区较大的设计活动之一,以前卫、创新、实验闻名,内容涉及工业设计、概念设计、平面设计、服装设计等众多领域。清华学生跨学科团队这次的作品“热响应服装设计”主题就是探索户外服装自主控温。

该项目是一次多跨学科融合的实践尝试,通过设计、材料、技术与制造方式的整合创新,在满足功能的同时减少多层服装的穿戴,进而减少收纳与弃置,实现服装的减量化与可持续发展。联合主创团队由来自清华大学美术学院的工业设计系 2019 级博士研究生宋佳珈、染织服装艺术设计系 2021 级博士研究生贺爽以及清华大学机械工程系曲良体教授团队的博士研究生林腾宇、廖启华等组成。这次项目研究服装的卖点——当天气环境温度变化时就是在未来无需增减衣服,“热响应服装设计”可以根据环境温度的变化进行自调节,进而实现服装的自主控温。他们使用的材料是热控油墨,热控油墨在高温下可有效反射环境光源并辐射自身红外热量,实现降温;低温环境时,油墨呈现黑色,表面相转为强吸光保暖状态,从而实现高低温环境中的人体舒适恒温控制。油墨的相转变温度可以自由定制,实现不同季节和环境下的智能人体热调节功能。油墨的相转变温度可以根据具体需求进行定制,为实现不同季节和环境下的智能人体热调节功能,主创团队设计了一系列实验与数据分析。

研究只列举了清华大学两个跨学科的科研团队,一个是生物医学方面的跨学科的科研团队,另一个是新材料服装设计方面的跨学科的科研团队。其中清华大学结构生物学高精尖创新中心作为一个大的跨学科研究中心,其包含众多跨学科团队的课题组,每个组内的整合创新的路径基本大同小异。这些科研团队的整合创新路径偏向于跨学科—知识整合—创新绩效,跨学科科研团队成员利用自身知识合作,对现有知识进行整合,进而取得科研进展,因此是“跨学科—知识整合—创新绩效”的路径。

7.2.2 北京大学跨学科科研团队

北京大学跨学科科研团队以北京大学生物医学跨学科研究中心为例展开研究。北京大学生物医学跨学科研究中心成立于 2000 年,旨在推动和落实北京大学医学部及医院与校本部基础学科及应用学科之间的跨学科发展,将基础、应用和临床科学的前沿研究结合在一起,促进整个生物医学领域从分子尺度到人类器官尺度的未来新发明、新发现与技术创新。中心的三大重要任务是:促进医学与基础和技术学科间的学术交流、培养具有交叉学科背景的新型人才、开展生物医学相关的跨学科研究工作。生物医学跨学科人才培养是中心的另一个主要任务。研究生培养项目所招收的学生既有来自生命科学、物理化学、基础医学等基础学科,也有来自电子学、计算机技术、生物医学工程、临床医学等众多的工程和应用学科，研究生指导教师来自北大的理学部、信息与工程学部、医学部和多家临床医院，他们在学科优势互补、交叉合作的基础上，开展生物医学跨学科前沿领域的人才培养。

北京大学生物医学跨学科研究中心同样取得了较多成果，在生物医学材料与组织工程研究领域，干细胞与再生医学方面的研究构建了成分明确的人多能干细胞培养体系，首次获得既能支持体细胞重编程，又能支持人多能干细胞干性维持和定向分化的新型培养体系，并实现成骨分化、成神经细胞分化、心肌细胞分化等。在金属类生物材料的研究方面，在国际上首次给出了生物可降解金属(Biodegradable Metals)的定义和分类，该研究结果在 Materials Science & Engineering R Reports 发表并入选 ESI 高被引论文，目前已被 ISO 起草的新标准直接引用。研究工作形成了可降解镁合金冠脉支架的设计思路，揭示了镁合金促进新骨形成的协同作用机制，发现镁金属通过骨膜的神经细胞来促进新骨的形成。在心血管医学诊断技术研究领域，研究发明的兴奋—收缩耦联时间诊断技术获得国家发明专利，填补了心衰早期诊断的空白，为不同分期、不同类型、不同病因的心衰患者的个体化诊疗提供了新的思路。有关在心衰发展的早期细胞内兴奋—收缩耦联出现显著衰退的发现发表在 PLoS Biology 后，被 Nature Reviews Drug Discovery 选为"亮点" 进行重点评价，称"该研究为心衰的早期防治提供了新的线索"。研究结果表明心衰过程中 microRNA-24 的表达上调是心力衰竭早期兴奋收缩—耦联效率下降的重要机制，揭示了心衰病理过程的关键分子机制，从而可通过抑制表达，有效阻止从代偿期心肌肥厚向心衰的病理转化，有望成为心衰早期治疗的新靶点。在医学信号及大数据分析研究方面，对阻塞性睡眠呼吸暂停综合征(OSAS) 患者经过持续正压通气治疗前后的脑电数据的尺度无关分析方法，表现出用非线性动力学方法评价 OSAS 患者睡眠质量的有效性和突出优势，进一步证实了利用个性化粉噪声进行干预能够明显增加深睡程度、提高睡眠质量。在康复医学工程研究方面，提出了特定瞄准任务下的非线性动力学平衡能力评价方法，为膝关节置换康复过程中本体感觉重建提供了一种有力的评价手段。提出了一种用于改善平衡能力的有效方法——经颅直流电刺激(tDCS)方法，通过行为学实验和脑功能实验验证了这种生物电干预手段对平衡康复和认知能力改善具有非常积极的意义。进一步证实了随机噪声驱动的足底刺激对于平衡能力提高也有明显效果，有望成为一种增强老年人防跌倒能力的有效技术手段。

关于北京大学生物医学跨学科研究中心的整合创新路径，在北京大学前沿交叉学科研究研究院的官方网站对于北京大学生物医学跨学科研究中心的介绍中有提到不同学科的研究人员共同合作，利用各自的学科优势取长补短，将先进的科学技术与前沿的临床医学需求相结合的情况。北京大学生物医学跨学科研究中心在介绍研究中心—科研中对跨学科研究项目解释道：学校通过跨学科研究中心集中不同学科专家的智慧，以促进学科的交叉和渗透，促进生物医学领域重大基本问题取得突破。

生物医学跨学科研究中心组织项目的目标分两个层次，一类是目标明确的应用研究，即应用理科、工程学科或社会科学的知识或技术，用以解决医学尤其是临床医学中的实际问题，强调创新性，力争创立国内外没有的、先进的诊断或治疗技术。另一类是更深一层次的项目，即力争在重大理论或基本技术方面取得原始创新性的、突破性的进展。例如单分子生物学与纳米生物医学的研究，仿生学研究等。综上，可以看出，北京大学生物医学跨学科研究中心的整合创新路径也是偏向于跨学科—知识整合—创新绩效的路径的。北京大学生物医学跨学科研究中心对于科研团队内部不同学科成员利用各自的学科优势取长补短，也通过跨学科来集中不同学科专家的智慧，这就是知识的整合，因此北京大学生物医学跨学科研究中心的整合创新路径也是偏向于跨学科—知识整合—创新绩效的路径的。

7.2.3 复旦大学跨学科科研团队

复旦大学跨学科科研团队以复旦大学类脑智能科学与技术研究院冯建峰教授/程炜青年研究员团队与复旦大学附属华山医院郁金泰教授临床研究团队为研究对象，这两个团队开展多跨学科联合攻关，利用生物医学大数据与人工智能算法开发了全新的老年病风险预测模型，命名为 UKB-DRP。该模型是一款可同时对全因老年脑神经病及其主要亚型(阿尔茨海默病)的发病风险进行前瞻性智能预测的通用模型，能够对个体在 5 年、10 年甚至更长时间内是否发病进行精准预测。在 2022 年的 9 月 23 日，相关成果以“基于普通人群开发的老年脑神经病风险预测模型：基于机器学习的大型纵向队列研究”为题发表于《柳叶刀》子刊 eClinicalMedicine。

复旦大学的冯建峰教授类脑智能科学与技术研究院院长，上海数学中心首席科学家，上海脑科学与类脑研究中心副主任，也是“复旦—科大智能”智能机器人联合实验室主任。他的研究兴趣主要集中在对来自神经科学和脑疾病的不同尺度海量数据的分析、挖掘和理论研究上。提出和发展了全脑关联分析(BWAS)的方法和理论，并成功应用于发现抑郁症、精神分裂症和孤独症病灶；发展了定量化大脑的泛函熵方法，应用于老龄化、智力和创造性的研究中。而复旦大学附属华山医院郁金泰教授是复旦大学附属华山医院神经内科主任医师、教授，复旦大学神经病学研究所常务副所长、华山医院神经内科中心组成员、认知障碍亚专科负责人。老年脑神经病是一种起病隐匿、进行性发展的神经系统退行性疾病，一旦患病，大脑的记忆力、思维能力等功能会像被“橡皮擦”一样清除掉，成为老年人群致死和致残的主要疾病，已列为 21 世纪全球重大健康难题。基于这样的背景，复旦大学类脑智能科学与技术研究院冯建峰教授/程炜青年研究员团队与复旦大学附属华山医院郁金泰教授临床研究团队展开了合作。

郁金泰在接受采访时说到：在面对疾病等科学难题时，谁都想当“屠龙少年”。我知道龙在哪里，却没有合适的工具和武艺。冯建峰/程炜团队的情况正好相反，手里有各种先进的工具，却不知道龙在哪里。这两个团队之间是跨学科的互补，是数据科学家和临床医学专家真正联手合作，这个合作使得原本各自科研中的问题都可迎刃而解。两个团队合作后,郁金泰原本需要花几个月才能处理的数据,现在一天就可以分析完。再通过国内队列和国外队列构建起的多中心交叉验证对比,不仅研究速度大大提升,研究结果的可靠性也大幅增强。并且在开启合作后,程炜课题组的研究也更接“地气”,大量课题来自临床最迫切需要解决的问题,包括一些临床上的难点问题。郁金泰在采访中透露,两个团队的合作固定下来后,基本上每周至少开一次组会。而要凑齐两组人的时间,成员往往需要不断调整,确保有足够的时间充分交流。程炜也说:“从事数据科学和从事临床医学的学者,科研思维很不一样,往往需要通过组会深刻交流科研进展,包括及时调整算法和临床信息的收集,在不断摸索中推动科研进程。”并且他也透露有一次,为了做阿尔茨海默病的预测模型,团队围绕“去医院就医的次数”是否可以作为一个单独指标被纳入预测阿尔茨海默病的指标系这一问题,前前后后讨论了好几次,不断调整算法,且和临床数据做比较,最终才将这一指标淘汰,确定了 10 个最明显且简单易操作的指标。

从上述关于郁金泰和程炜的采访分析可知,他们两个团队成员间的合作既存在知识整合也存在冲突,两个团队之间的互补是知识整合,而有时意见不一致时也有冲突,比如上述关于某一指标的确定问题。由此可见,这两个团队的整合创新路径有两个,分别是跨学科—知识整合—创新绩效和跨学科—冲突—创新绩效。

7.2.4　同济大学跨学科科研团队

同济大学的跨学科研究团队也很多,将以化学科学与工程学院的石硕教授和董春燕教授团队跨学科合作研究在乳腺癌治疗方面取得重要进展为例介绍同济大学的跨学科科研团队。

乳腺癌一直是世界范围内女性发病率居首位的恶性肿瘤,其中三阴乳腺(TNBC)复发转移率高,复发转移后生存期短,预后差,化疗容易耐药。目前,TNBC的治疗手段主要为手术切除、化疗和放疗,无法进行雌孕激素受体拮抗剂和抗 Her-2靶向治疗。因此,如何改善 TNBC 的治疗效果是现在临床乳腺癌治疗的难题。针对这一难题,同济大学附属东方医院乳腺肿瘤科主任董春燕教授课题组联合化学科学与工程学院石硕教授课题组开展跨学科合作研究,提出了一种化疗联合免疫治疗协同光热和光动力技术治疗 TNBC 的新策略。日前,相关研究成果发表于国际知名期刊 Advanced Materials 上。

石硕教授和董春燕教授课题组开展跨学科合作研究,积极尝试通过化疗联合免疫治疗 TNBC。研究出具备光热和光动力治疗功能的化疗协同免疫治疗,局部治疗结合全身治疗的新策略。石硕教授和董春燕教授两个课题组间跨学科合作研究,也是不同专业间的知识整合。石硕教授科研方向是小分子化合物对生物大分子 DNA/RNA/蛋白质的结构识别及功能调控和功能配合物的设计合成、端粒酶抑制剂的开发,而董春燕教授的专长是乳腺癌、肺癌、结直肠癌、头颈部肿瘤等实体肿瘤的个体化治疗以及综合治疗,包括化疗、放疗、高频热疗、生物免疫治疗以及微创介入治疗。他们的理论和实践的合作是知识的整合，因此石硕教授和董春燕教授的课题组间的合作也是跨学科—知识整合—创新绩效这条路径。

7.2.5 北京航空航天大学跨学科科研团队

为培养基础研究的主力军和重大科技突破的生力军，持续为国家科技自立自强提供有力支撑，进一步促进北京航空航天大学理工学科交叉融合，支持培育理工交叉融合创新研究高端人才，承担国家重大重点项目和基础研究任务，产出重大原始创新成果，为培养基础研究的主力军和重大科技突破的生力军，持续为国家科技自立自强提供有力支撑，北京航空航天大学从 2022 年开始支持了 10 个"理工交叉融合科学问题研究项目"，其中每个项目支持 300 万元，资助期 3 年。

"群体智能涌现机理与运行机制"项目团队由来自数学科学学院和无人机系统研究院的青年教师团队构成，聚焦无人系统群体智能战略领域，通过多学科深度交叉融合，在跨尺度群智系统演化数理模型与度量方法、群智涌现的数理机理及系统运行机制等方向形成了一系列基础性、交叉性研究成果，在 *Nature Communications*、*IEEE TPAMI*、*NeurIPS* 等期刊发表高水平论文 20 余篇，获国家级及省部级科学技术奖励多项。直接支撑多个国家级项目攻关，有力服务国家重大战略需求；项目组成员入选国家级人才；团队创办并组织了国际无人蜂群技术大赛，举办多次学术交流，推动普及科学教育，支持学科发展建设和国家级人工智能产教融合平台论证建设。

另一代表性团队由交通科学与工程学院丁滨、丁川团队和数学科学学院夏勇团队领衔，针对自主式交通系统面临的"强耦合、高动态、多约束"三大难题，项目团队提出了一套能描述自主驾驶决策环境约束的统一模型，可实现复杂混行环境下的自主感知；研发了具有完全知识产权，包含自动驾驶和人工驾驶的自主交通系统微观仿真原型系统，能够实现异质性驾驶认知和决策特性仿真；构建了安全风险与通行效率平衡作用下的自动驾驶车辆自主决策方法，可实现车路协同环境下的混行车流自主高效通行。为推动交通、车辆、信息等多学科交叉研究，2023 年项目团队举办了以"顶层设计，目标导向，交叉融通，服务未来"为主题的国家自然科学基金委员会交通与载运工程学科发展战略论坛、"以绿色＋智能"为主题的第十四届国际绿色智能交通系统与安全学术会议。项目团队致力于为自主式交通系统领域的研究者提供交流平台，针对绿色交通、智能交通系统的发展与变革提供思路，为交通运输领域的教育和科研工作扩宽视野，开创机遇。未来，项目团队将会持续发挥自身多学科交叉优势，坚持以技术创新突破行业难题，赋能绿色智能交通系统领域的发展，助力交通强国战略。

北京航空航天大学首先聚焦世界科技发展前沿、面对国家重大战略需求提出研究问题需求，而后揭榜挂帅、同题共答，鼓励不同研究背景、不同学科的团队自行组队、优势互补，支持人才梯队建设、承担重大重点项目和重大原始创新成果的产出。其主要模式是以项目需求为中心，组建临时团队展开科学技术研究，其整合创新路径可以归纳为"提出跨学科研究需求—组建跨学科团队—知识整合—创新绩效"。

7.3　跨学科产学研案例分析

7.3.1　美国斯坦福大学案例

现实中，科技的发展趋势就是显现出多跨学科融合，仅单学科研究发展无法满足学科发展的需要，把握当代科技创新发展的趋势，必须进行跨学科的学习和研究。跨学科的知识整合和异质团队的协同创新显得尤为重要，如果放弃这种路径，会导致单科的空中楼阁，很难适应复杂的社会现实需求，在美国，跨学科的合作研究已经十分广泛，也早被大家所接受和认同，美国麻省理工学院把基础学科研究融合到专业工程研究中，这是根据实际趋势需要做出的举措，比如把生命工程的知识与数学领域的研究相融合，以求产出复杂的生命科学的成果，那么要求这个领域的研究员有多领域的学科知识便不为过，进而教学和审批专员的背景和知识也需是多领域的复合背景，世界闻名的斯坦福大学在这个方面的创新模式和举措是独树一帜的，学校将多领域的交叉人才进行合理“整合”，涉及生物工程，物理学，医疗健康等方面的人才交流和融合，来应对生命科学的发展趋势和技术革新的挑战。

斯坦福大学是高校协同创新成功的典范，对于科学与产业协同发展的模式具有重要的学习意义。

斯坦福大学的重要合作主体是社会中的高科技企业，当然也有工业园区以及政府相关机构，在这些不同组织和团体之间实现知识的创新、传播和集聚，促进原始创新的发展，有利于协调创新的最终产出方向和趋势，在这个过程中产生和培养了大量高科技人才，产出了众多高科技专利。斯坦福工业园、技术授权办公室、集成系统中心，构建了以高校为枢纽的协同创新平台。斯坦福大学与企业长期发展过程中与企业的联系愈加紧密，两者共生共荣，学校有着先天的知识创新优势，而企业的优势在于对市场趋势和需求的把握，二者相互合作，互通有无，协同创新模式将使两者沟通交流成本大大下降，知识和信息的转移和互相学习使得两者的产出都快速扩张。政府会作为规则制定者和环境维护者，使用资金或者制定规则来促进这种活动的进行，比如营造法治公平的竞争环境，对相关协同创新项目给予政策补贴等。政府的举措可以很好地促进学校与企业的合作共生关系，加强资源的整合力度，减少学校无用研发活动的浪费，加快知识的创新和传播，深化产学研的合作深度和广度。

斯坦福设立重点课题，重视教授和老师的队伍建设，关注培养的学生是否能很好地对社会的产出有所帮助，斯坦福大学多年的发展历史为其积累了良好的师资沉淀，有着先天的师资优势，学生有着极高的学术素养和创新能力，同时学校的办学理念要求相关部门关注创业实践教育，学校创办了全新的教学模式，把学科教育与非学科教育结合起来，如此实践中才能更好地激发学生的自主创新意识和能力，学校会定期举办丰富多样的创新实践活动，比如未来企业家协会、创业俱乐部等，会邀请各界杰出人士来进行演讲和指导，用他们的创业实践故事激励同学们，保证与学生的知识和研究紧密结合。学校与硅谷企业一同建设了硅谷实习基地项目，为老师和学生提供了学习平台，校内的老师和学生可以与企业研发人员共同工作以交流经验和知识，学生可以提前感受真实的工作场景，激发学生的创业创新激情，挖掘学生好奇心和主动性，学校把与企业相关的互动活动制度化、规范化、常态化，。

斯坦福大学善于整合和利用社会及政府的资源，充分发挥多共生主体的互换资源的优势，多方面发挥系统性的优势高速推进技术研究的进程，系统性整合和利用知识的集聚效应可为其拓展出巨大的发展空间，斯坦福集成系统中心汇聚了高校和多家企业的力量，同时利用美国政府的协调作用，多方共建了几十个产学研开发中心，针对性对校企合作的产业高新课题进行合力攻关，很多成果为全球前沿技术，由于成果是针对社会发展趋势和产业实际需求的，所以半数以上的研发成果可以成功向高技术制造方向转化，这种卓越的产学研体系为公司带来了超额的利益。另一方面，也帮助学生了解实际生产流程，更好地对接公司的招聘需求，提高了学生的职场竞争力。

斯坦福大学建立一种以项目作为主体的目标，召集多领域多学科的高学历人才进行跨学科的团队协同研究，创造出优良的知识整合氛围，比如在生物工程发展历程中，在分子科学，人脑研究，医学工程多跨学科融合领域，问题的复杂程度在日益上升，生命研究的前沿阵地仅靠医学研究是难以有所突破的，亟须建立一种以解决难题为主要的目标，将多学科进行良好整合，以针对性解决问题的模式。斯坦福大学的Bio-X项目是典型范例，该项目缘起于朱棣文教授和詹姆斯·思普利奇教授的一个共同想法，该项目提出后，经过大学管理层的细致研究，决定加以实施，由于生物工程、生物科学以及生物医学的日渐融合，国际医学前沿难题需要进行跨学科交叉融合研究，这个项目旨在将基础研究和生物医学的创新知识相整合，面向现实性需求开发原创解决方案，该项目极大促进了跨学科的整合研究进程，项目设立了分子和细胞的结构与功能、生物系统的成像、组织工程学和计算生物科学、系统神经科学和认知神经科学等研究方向，根据这些研究领域将生物学、化学、物理学、工程和医学等不同学科的研究人员聚集到一起面向科学技术前沿开展研究，交流创新想法，集聚跨学科知识，思维的碰撞创造出新的研究课题。该团队取得了非常丰富的学术成果，是跨学科高校科研团队的协同创新、促进学科交流融合和难题的解决进程的典范。

7.3.2 德国慕尼黑大学案例

国外高校开展产学研跨学科建设相对较早。慕尼黑工业大学获得“精英大学”的称号，成为首批获此殊荣的学校，可以获得相应的国家科研和创业资助，2012年，慕尼黑工业大学开创了“创业型大学”的新概念，同时又一次获得了上述奖项。慕尼黑工业大学的创新支持力度很大，大学把很多师资力量和场所以及其他资源投入其中。在学校这种大力的支持下，形成了良好的组织机构协调效应，相关产业以及科研团队经常参加开放活动，在学校外部由于其良好的表现，引起了政府重视，政府也制定了一系列的政策来助力这种活动，逐步形成了多组织协同创新的模范，这种模式是以企业市场需求为核心，同时协调内外部的资源和要求。高校科研推动创新是整个模式的助推器，在此工程中，高校是发动机、动力源，用知识创新推动产业创新，知识是整个过程的核心驱动。

慕尼黑工业大学的创新创业模式促进了知识转移过程和速度。慕尼黑工业大学把高校科研和企业生产创新推到了新的高度，如何把科研创新和市场需要的生产相对接是一个核心问题，科研的实际转化就是应用研究问题，在不忽视基础知识研究的同时，要加强科研成果转化过程的研究，在很好对接市场需求的条件下，形成科技创新的市场转化成果。这种模式成效显著，在 2017 年，慕尼黑工业大学的专利授权量就有 70 多项，有 140 多项科技成果转化产品，1 000 多项签署的合作研究与开发协议。慕尼黑工业大学凭借这种模式的良好效果和声誉，同许多高科技企业建立了良好的合作关系，形成了稳定的创新信任模式，有利于给科研创新的方向纠偏，使得与现实要求相匹配，并促进知识的转移和传递，德国的本土企业宝马，大众等公司，在这个过程中受益匪浅，同时他们的反馈效果也使得高校收益颇丰，异质团队的合作是需要良好的激励和合同协议，因为两者目标往往不一致，学校是为了科研创新，而企业是为了实现利润或者良好的市场声誉，这使得一个规范两者利益目标的合同就可以快速协调利益，激发双方的合作意愿，促进最终产出的效果。慕尼黑工业大学成立了技术创业实验室、研究办公室和创新办公室，这些机构都会促进知识整合协同创新。

慕尼黑工业大学使用自己创造的模式，鼓励学生解决创业创新难题，有利于学生形成自己面对现实问题的解决方式和发展体系，帮助初创企业快速成长，这种独创的思路可以有效加快知识的传播。例如学校开展了 Start 创业项目，这种教育方式在整个体系中扮演着指导者的角色，这个项目把校内和校外各界人士交汇在一起，他们有着不同的工作和学习背景，包括校内学生，社会工作者，杰出的专业研究员等，这种丰富的人员组成将有利于不同想法和观点的碰撞和交流，也扩大了项目所涉及的学科领域和创新范畴。Start 创业项目也包含对学员的领导和指导培养，向他们灌输创业理念、创新的模式和知识。创业研究所、金融研究所是用来帮助跨学科团队交流创新的机构，创业研究所的研究方向着眼于社会实际和企业需求，发现新企业的发展路径和模式，帮助指导学生的创业难题等。

知识的创新环境也是各种活动的发生的萌芽环境，有着孕育起始方向和目标的重要作用，慕尼黑工业大学十分重视此方面的工作，会协调不同学科领域的专业知识以达到共同的发展目标。工作是复杂且困难的，因为需要考虑异质性团队的不同利益和目标，慕尼黑工业大学研究中心会整合理工学科和医学等学科的最新知识创造，使其调整好方向应对社会发展的需求。企业生产的实际需求包含多样复杂的现实问题，因此学生在糅合多领域来解决实际困难的品质和能力就尤为珍贵，慕尼黑工业大学创造了一种矩阵式学术创新模式，学院与跨多领域研究团队是并列的，与以往单科发展的模式不同，大学这种培养模式是有跨学科和异质性团队合作性质的，同时，学校注重创新人才的培养，可以为研究团队和高校提供丰富的人力支持，这种教学模式可以使相关创新团队获得可靠的人力资源。比如不同领域的研究生与科学家以及企业家共同来协调解决一个实际难题。慕尼黑工业大学研究中心包括跨领域研究中心以及整合工作机构，这些机构的工作是将学科交汇处的知识进行整理和融合，比如将材料学、生物学和工程科学整合而形成慕尼黑工学院，将仿生学和机械工程进行整合成达·芬奇仿生学中心，微生物和化工资源整合成工业生物技术研究中心等。

同时，慕尼黑工业大学的整合研究工作会得到校方和社会的大力鼓励，而不会仅仅服务、支持校内，比如 2011 年成立的欧洲科技大学联盟，由巴黎理工大学、洛桑联邦理工大学、慕尼黑大学、埃因霍温科技大学和丹麦技术大学 5 所大学构成，联盟的力量十分强大，对于现实需要的很多课题的解决方法有很针对性的治理方案，同单所的大学相比联盟的合作好处可见一斑。

7.3.3 国内高校案例

产学研协作创新一般涉及多学科研究方法，体现多种技术融合需求，并具有在学科交界产生突破性创新变革等特点，显示典型的跨学科性。

1. 协作创新网络分析

发明专利是重要的技术创新载体，是产学研协作的核心成果。产学研协作项目常以联合申请发明专利为合作起点，专利是跨学科产学研合作的关键纽带，能够反映跨学科协作创新水平。发明专利的数量能够反映了一个组织在特定技术领域的基本竞争力，而通过分析高校与企业合作发明授权专利数能够揭示产学研合作特点与趋势。

2009，北大、清华、南京、复旦等九所 985 大学组成的“C9 联盟”。“C9 联盟”高校是中国高校综合实力最强、最有创造力的高校，被媒体称为中国常青藤联盟。以 C9 联盟大学为例，研究其在创新活动中的专利合作行为，对促进国家更好地发挥其在协同创新系统中的作用，具有重要的现实意义。利用 IncoPat 专利数据库进行专利文献进行检索和数据分析，对 C9 联盟高校与其合作前十企业(被授权单位数量大于 1)的发明授权专利情况进行研究。采用社交网络分析方法，通过可视化的方式来度量个体与组织之间的联系与关系，构建能够描述高校合作创新的关联模型，揭示高校与企业协同创新过程中的联系，从而更加全面地理解高校跨学科协同创新。

“中心性”是社交网络研究的焦点，其目的在于度量每个个体在多大程度上在网络的中心地位。衡量中心度通常分为三种类型：点度中心度、接近中心度和中介中心度。点度中心度度量了一个结点与其他结点之间的直接连通度，它是度量结点到其他结点的相邻程距离；接近中心度用于衡量节点重要性，它通过计算一个节点到网络中所有其他节点的平均最短路径长度来评估该节点在网络中的中心；而中介度度量是通过计算一个节点在其他节点对之间最短路径上出现的频率来评估该节点的影响力，也就是结点的"中间人"程度。

分析表明，高校与企业之间的专利联系更容易发生在研发能力强的高校和经济实力雄厚的大企业中，而且这一特征有不断增强的趋势。例如，从中心节点看，位于网络中心的除了九所高校除外，还有国家电网公司，国家电网有限公司和华为技术有限公司等。从产业层面来看，专利合作的主要产业包括电力、热力的生产和供应业，计算机、通信和其他电子设备制造业，机电设备制造业，，通用设备制造业，软件和信息技术服务业，互联网和相关服务业，工具和测量设备制造业，电子设备制造业等。这些产业几乎都是技术密集型产业，体现了市场机制在技术需求中的资源配置作用。

总之，高校与企业间的直接专利合作存在明显的"门槛"效应。也就是说，技术密集型行业的校企合作和高校专利合作，体现的是直接合作。在实践中，很多中小型企业及非技术密集工业部门，其技术需求并不是与高校直接合作，而更多地是从高校或科研院所购买专利，从而将其转化为商品。

目前，我国大型企业集团正逐步从"产学合作平台"向"产学协作创新机制" 转变。大型企业集团涉及的产业范围比较广泛且在行业中起着引领作用，必须需要技术创新来巩固其位置，大学拥有丰富的科研资源，且大型企业集团拥有强大的实力与高校合作协同创新。依托高校强大的科研力量，进行产学研合作是我国高等教育发展的重大战略选择。

2. 清华大学—华为公司合作分析

(1) 专利合作成果分析

2019 年 6 月 3 日，清华大学与华为公司签署科技合作框架协议，目的是把两校之间的合作提升到一个新的水平。双方将充分利用发挥华为在信息与通信技术方向的优势和清华大学在科技人才、信息、科研成果等方面的高度积累，推动科研与产业深度融合、科研突破与学术创新，培养高技术人才，开展各类基础研究和应用研究及 5～10 年长期联合研究计划领域加强战略合作，取得最先进的创新研究成果。

清华与华为专利合作数量及时间趋势图如图 7-1 所示。从时间维度看，2010—2022 年期间，除 2011 年，双方在过去的 10 年中，每年都有相当的专利成果产生，而且总体上都有增加的趋势，这表明双方的合作具有持续性和长期性的特征。从专利的技术领域分布来看，华为与清华大学合作的技术主题重点为：通信领域的数字信号与信息的处理，包括但不限于图像和视频的处理，数据存储、传输，光学信号处理等，以及其中涉及的电路、电子元件器件及其应用材料等，乃至整个通信传输系统。并且随着外界政策变动与科技发展，华为合作的技术主题热点经历了以移动通信网络和无线网络为代表的网络发展，期间伴随着对图像和视频数据传输的新要求，ICT 技术革新强调的硬件设备更新。

典型案例例如 2020 年授权的清华大学与华为合作基于隐私保护的 5G 网络移动性管理方法及装置专利技术。由华为技术有限公司、清华大学共同申请的"3D 虚

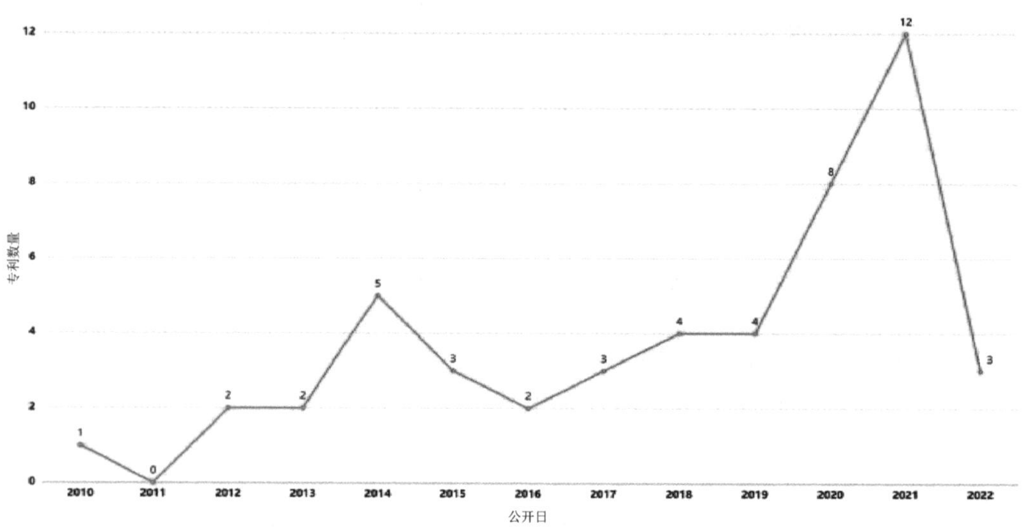

图 7-1　清华与华为专利合作数量及时间趋势

拟形象生成方法与装置"专利公布。该专利能够使得生成的 3D 虚拟形象更加符合待处理图像中的面部特点。该方法包括获取待处理图像;确定待处理图像中面部区域的第一形状特征;根据第一形状特征确定目标形变参数;按照目标形变参数对目标 3D 基准模板进行调整,以生成 3D 虚拟形象。该专利公布标志着清华大学和华为的合作更进一步,中国的科技发展向前更迈进一步。华为成功地实现了双方的科学研究成果的产业化,从而建立起了从发明、保护、转化、创新的良好循环,更进一步巩固双方的合作关系,顺利推动产学研协同创新的发展。

(2) 合作模式分析

目前,校企合作的模式主要有两种,一是联合实验室,二是单独合作,三是引进成果,四是共同培养人才。华为与清华的产学研合作采取多维度的策略。

联合实验室等平台型合作是指根据公司产品类型、设施、产品背景测试条件和指定研发或技术人员具体需要进行合作的;高校院所设立实验场地,师生实地考察,与高水平工业企业相互合作,或对公司某些产品的战略方向开展研究或开发活动。联合实验室需要长期合作,通常会形成企业和高校共同拥有的知识产权,这样的合作往往是强强合作,华为与清华大学的合作无疑是强强合作。2019 年 11 月 1 日,清华大学软件学院、大数据系统软件国家工程实验室(以下简称"清华大学")与华为技术有限公司在北京召开智慧数据合作研讨会。

联合研究院的签约非常重要,今后双方将在技术、人才资源等方面开展合作,继续推进重点科研项目合作,密切协调学界动态,以在更多基础性、长远性领域深化合作。希望双方建立长期、深入的战略合作伙伴关系,在基础和跨学科研究方面取得更多原创性的前沿发现。

通过合作平台，双方拟在多源异构数据集成管理、时间序列数据库和关系数据库技术方向开展更深层次的项目合作。在多源异构数据集成管理方面，清华大学在大数据管理、数据集成、元数据管理等方面的科研优势，与华为在数据仓库和数据管理方面积累的产品开发经验和对业务场景的理解形成互补。在时间序列数据库方面，清华大学推出了开源时间序列数据库 Apache IOTDB。华为在工业互联网等领域有时间数据库的业务需求，可积极推动清华 IOTDB 时间数据库的开源和产业化。在关系型数据库领域，清华大学在大规模分布式高性能数据库建模、优化与人工智能结合方面拥有领先的科研成果，而华为分布式关系型数据库 GaussDB 在业界拥有多年的实践经验和技术积累、双方有着广泛而深入的合作点。

人才培养合作、人才引进。其中，主要为本科生、硕士生、博士生的梯度培养，也包括“千人”等高端人才的引进。大学的创新更多地站在科研的立场上，企业则更多地站在问题的立场上，清华和华为的深度合作，可以加快我国的科技创新取得突破性进展。双方签署了人才培养合作框架协议。据此次协议，华为与清华将共同建设基础研究人才和高精尖人才培养机制，共同推动科研和学生能力的提升，为我国的科技创新作出贡献。由华为提供面向前沿基础科学问题的挑战性课题，清华遴选具有拔尖创新潜质的同学，在华为科学家、清华导师的共同指导下完成课题，双方携手共同探索人才培养之道。总结，此模式为“挑战性问题(华为)＋卓越导师组(华为＋清华)＋顶尖学生(清华)”的人才培养模式。

郑泉水院士带领钱学森力学班与华为公司合作，积极探索创新型高层次人才培养模式，并取得显著成效。清华学生参加华为挑战课题实践，在华为进行半年以上(6～12个月)的实践学习，做出了显著成果，部分成果可投入应用。华为公司与清华学堂班通过新生开放日、华为 Fellow 授课、暑期学校、高年级本科研究员等方式，进一步探索拔尖人才培养校企合作机制。华为将向同学们开放其位于北京、深圳及其他主要国内外的研究基地，用于完成挑战性课题及其他实践教学环节。针对稀缺、薄弱领域，如集成电路、基础软件等，华为与清华将提前进行优秀人才能力培养方面的供需对接，通过志向牵引、营造人才培养和成长环境、课程改进、合作培养、设立奖学金等方式强化该方向人才培养。

华为与微纳电子系进行多次交流，探讨集成电路优秀人才共育，计划共同进行集成电路优秀人才培养；华为与软件学院也已共同申报特色示范软件学院基础软件项目，通过课程共建、实践基地联合培养优秀软件人才。华为与清华北大、中国科学院等高校成立了博士后工作站，并在此基础上建立了博士后工作站。其目标是充分发挥华为在科研方面的优势，推动我国科技创新和产业发展。同时，为两个领域的人才建立起“双通道”。

清华大学和华为之间的关系将是一个长期、稳定的合作关系，它将为华为的生产和运营提供有力的支持，同时也可以为清华大学的优秀人才提供帮助。这是一个有机的、可持续的创新协作机制,也是大学和企业开展专利合作的成功案例。

7.4 跨学科教育案例分析

8.4.1 厦门大学实验中心案例

厦门大学化学国家级实验教学示范中心(以下简称"厦大实验中心")作为高等教育中培养拔尖创新型人才的重要基地,持续深化实验教学体系改革,其构建了多学科交叉融合的"中心科学"实验教学新体系。厦大实验中心以培养具有国际视野和创新能力的高素质人才为目标,积极探索实验中心建设与管理的新模式,通过整合和共享优质资源,构建具备多学科交叉融合特色的教学团队,打造科教协同的育人环境,为学生提供一个培养创新实践能力的平台。该实验中心自 2019 年来开设"中心科学"实验班,一直在探索多学科交叉融合创新并具有显著成效。

1. 案例背景

(1) 国家战略需求。国家的"实施科教兴国战略,强化现代化建设人才支撑"的战略部署,强调了教育、科技、人才"三位一体"的统筹推进。这一战略部署突出了科技作为第一生产力、人才作为第一资源、创新作为第一动力的重要性。厦大实验中心的实践探索正是在这一国家战略需求的背景下建立的,旨在通过实验教学改革,培养具备国际视野和创新能力的高素质人才,为国家的科技创新提供人才保障。

(2) 教育改革需求。实验教学作为高等教育中培养大学生科学精神、实践能力、创新意识的关键环节,对于贯彻落实拔尖创新型人才培养具有重要意义。厦大实验中心以深化实验教学体系改革为目标,致力于构建一个多学科交叉融合的实验教学新体系,以此作为推动教育改革和提升人才培养质量的重要途径。

2. 跨学科整合的实践探索

(1) 构建"中心科学"实验教学新体系。厦大实验中心的"中心科学"实验教学新体系,是一个以化学为核心,整合物理、生物、材料科学等多个学科的实验教学体系。这一体系的构建,不仅打破了传统学科之间的壁垒,还实现了多学科交融,帮助学生形成学科交叉能力和系统思维。

(2) 多学科交叉融合。厦大实验中心通过整合多个二级学科的核心知识点与实验技能,形成了相互关联的系统性知识框架。这种框架以化学理论、方法及其应用为主线,全新构建了多学科交叉融合的实验教学体系。

(3) 层次递进的课程设计。厦大实验中心设计了"中心科学实验Ⅰ-Ⅳ"四门基础化学实验课程,这些课程层次递进、相互关联,旨在培养学生的合成制备、测量分析和理性思维的基础能力。

(4) 跨学科整合的实验教学内容的协同创新。厦大实验中心对实验教学内容进行了创新设计，以适应新时代的教育需求和人才培养目标。经典实验优化与拓展：厦大实验中心对一些基本操作全面、能够激发学生学习兴趣和创新意识的经典实验进行优化与拓展，如延伸实验内容、优化实验方案、引入新的实验技术和方法等，充分挖掘项目本身交叉融合的教育内涵。高水平科研成果带动教学内容更新：厦大实验中心将学院的科研成果转化为教学内容，提升实践性教学内容的前沿性和先进性。例如，学院在自主研发仪器方面有悠久的历史积淀，近年来，学院充分发挥学科平台和师资优势，开发出了一系列具有显著特点的教学型仪器。赛教融合：厦大实验中心以竞赛推动学习、促进教学、引领改革，实现竞赛成果对教学的有益回馈。例如，全国大学生化学实验创新设计大赛的成果被深度融入实验教学体系，实现了竞赛成果对教学的有益回馈。

(5) 科教协同育人环境和创新实践能力培养平台建设。厦大实验中心通过整合和共享优质资源，构建具备多学科交叉融合特色的教学团队，探索创新人才培养新范式。① 整合与共享优质教学资源：厦大实验中心成立“教学与实践中心”，涵盖化学实验中心、化工实验中心以及分析测试中心三个主体，旨在消除不同学科间、教学与科研之间的隔阂，促进资源的全面整合与高效利用。② 建设科教融合高水平教学团队：厦大实验中心形成了一支以院士、国家教学名师、杰青等高层次人才领衔的创新型本科基础课程教学队伍，他们以高水平的科研带动高质量的教学，将最新科研成果与基础课程内容深度融合。③ 构建多元化科研训练与学科竞赛平台：厦大实验中心构建了初级、中级、高级三个层次分明的科研训练平台，为学生提供丰富多样的科研训练课题，引导他们树立科研意识，全面培养学生的科研素养和创新能力。④ 创新实验室建设和管理理念：厦大实验中心在实验室建设和管理方面进行了创新，以适应多学科交叉融合的大背景。⑤ 全方位提升实验育人环境：厦大实验中心将教学实验室的建设与管理纳入实验教学育人体系，构建全方位育人环境。实验室不仅是学生实验操作的平台，更是启迪智慧、培育创新精神的摇篮。

3. 案例分析

(1) 取得成效。厦门大学化学国家级实验教学示范中心的跨学科教学和育人模式取得显著成效，主要体现为以下几个方面：

① 课程体系与课程内容重构与创新。厦大实验中心顺应学科发展，超越专业壁垒，全新构建了多学科交叉融合的“中心科学”实验教学新体系，打造了全新的“中心科学实验Ⅰ－Ⅳ”系列基础实验课程。这一新体系已在厦大化院多个年级中试点实践多轮，初步实现了喜人的育人成果。

② 人才培养成效显著。厦大实验中心的实践探索显著提升了学生的动手实践能力、创新意识与创新能力、综合运用知识能力。近 5 年，厦大化院本科生参与科研工作，在高水平学术期刊发表论文 263 篇、获国家发明专利 23 项，获得省部级以上奖励 234 项。

④ 教学质量稳步提升。厦大实验中心依托厦大化学学科的雄厚实力和百年文化底蕴，形成科研提升教学、教学促进科研的协同育人机制。近 5 年，共获得 27 项省级及以上教学改革项目立项；获批国家级一流本科课程 1 门，省级一流本科课程 2 门；获国家级、省级教学成果奖 8 项。

⑤ 辐射与示范效果明显。厦大实验中心多次受邀在全国性教学研讨会作报告，推广实验教学改革与实验室建设成果；与中西部地区一般院校建立帮扶合作关系，助力中西部地区化学实验教学水平提升；开展"迎进来"和"走出去"化学科普活动 89 次，激发了中小学生和社会公众对化学学科的兴趣与热爱。

(2) 案例分析与总结。厦大实验中心始终以立德树人为根本，坚持高标准、高要求，以打造国家级创新人才培养基地为牵引，持续开展实验教学研究，探索引领实验教学改革方向，创新实验室管理机制，共享优质实验教学资源。厦大实验中心在人才培养、示范引领、辐射带动等方面发挥了重要作用，为学校一流人才培养做出了重要贡献。展望未来，厦大实验中心将继续深化实验教学改革，紧密结合学科发展前沿和拔尖人才培养目标，不断优化实验课程体系，探索实验室建设与管理的新模式、新路径，为培养更多具有创新精神和实践能力的高素质人才提供有力支持。

7.4.2 北京邮电大学案例

随着现代教育哲学和数字技术的快速发展，跨学科整合已成为高等教育中的重要趋势，北京邮电大学世纪学院李若文对"审美教育＋"课程建设的探索与实践，特别是将审美教育与"3D 设计基础"课程相融合，是跨学科知识整合的典型案例。该课程通过跨学科整合，提升学生的审美感知、创新表达能力以及实践操作技能，从而增强学生的综合素质和创新能力。

1. 案例背景

(1) 审美教育的重要性与国家政策支持。国家政策为审美教育提供了大力支持，强调了审美教育在培养学生社会主义核心价值观、世界观和人生观中的重要作用。通过审美教育，学生能更好地理解社会主义核心价值观，更有效地融入社会，成为具有良好道德品质和社会责任的公民。

(2) 审美感知在审美教育中的构建。在 3D 设计基础课程中整合审美教育，培养学生的审美感知成为不可或缺的元素。学生通过掌握审美教育的基础知识，如色彩理论、形状和线条美学、材质选择等，为三维设计中创作审美作品提供理论支持。

(3) 创新表达与实践操作技能的培养。整合审美教育和三维设计课程能激发学生的创造性思维。学生在设计挑战中可锻炼审美感知和创造性思维，通过不同设计解决方案的探索和问题解决过程提升自己的创造力和表达能力。

2. 跨学科整合的具体实践

(1) 知识互补整合。审美教育课程和 3D 设计基础课程是设计教育的两个重要组成部分,分别提供艺术设计理论和设计技术知识。这两门课程从不同角度构建设计教育为学生打下全面而坚实的知识体系。

(2) 知识视野拓宽。跨学科学习为学生提供了广泛的学术平台,使他们能够从多个维度(如艺术、技术、物理环境模拟等)理解和探索设计问题。这种多维度的认知模型不仅拓宽了学生的知识视野,还为他们提供了全面和多样化的学习体验。

(3) 创新思维培养。跨学科学习是一种现代教育倡导的学习模式,有助于学生拓宽思维边界,促进创新思维的发展。面对问题时,跨学科学习鼓励学生从不同学科角度寻找可能的解决方案,从而培养和提升学生的创新思维能力。

(4) 新技术应用探索。在现代教育中,技术的快速发展为设计领域带来了许多新的可能性。通过整合现代 3D 设计软件和技术,学生能够在审美和设计的领域探索新技术的应用,如 3D 打印、虚拟现实(VR)和增强现实(AR)技术。

3. 案例分析

跨学科整合已成为推动学术和技术进步的重要力量。通过将审美教育与 3D 设计基础课程相整合,学生能够在美学和设计技术之间建立联系,拓宽知识视野和学习体验。这种跨学科学习模式为学生提供了理论与实践技术之间的有机结合点,使他们能够更好地将审美教育知识与设计实践中的技术相结合,创造出具有审美价值的设计作品。多样化的沟通和合作为学生的创新思维提供了有利环境,使他们能够从不同角度和维度看待和解决问题,从而培养他们的创新思维能力。

跨学科学习促进了学生的持续学习和自我更新能力,使他们能够在未来的学习生涯和职业生涯中不断探索和学习,适应不断变化和更新的知识和技能要求。通过这一案例分析,我们可以看到,北京邮电大学世纪学院通过“审美教育+”课程的建设与实施,成功地将审美教育与 3D 设计基础课程相整合,为学生提供了一个跨学科学习的平台,不仅提升了学生的审美和设计能力,还培养了他们的创新思维和实践技能,为未来的学术和职业发展奠定了坚实的基础。

7.4.3　南京师范大学案例

学科交叉是指不同学科之间相互渗透、融合的过程,它能够促进新知识的产生和新技术的发展。交叉学科则是学科交叉的结果,代表了一种新的学术领域和研究方向。在全球范围内,学科交叉融合已成为高等教育领域关注的焦点,它对于培养适应未来社会需求的创新人才具有重要意义。

1. 案例背景

在全球化和信息化时代背景下，学科交叉已成为高校教育改革的重要趋势。它不仅是科技创新的源泉，也是培养复合型人才的关键。南京师范大学作为一所以教育学科见长的高校，在学科交叉融合和交叉学科建设方面进行了积极的探索和实践。

2. 实践探索

南京师范大学在学科交叉融合和交叉学科建设方面的实践探索主要体现在以下几个方面：一是优势学科引领的交叉学科群建设：学校依托教育学、地理学和马克思主义理论等优势学科，构建了三大高峰学科群和五大高原学科群，推动了学科间的深度融合。二是学科交叉项目和平台的设置：学校围绕国家重大战略需求，设置了多个学科交叉建设专项，并搭建了跨学院研究平台，为交叉学科研究提供了坚实的基础。三是交叉学科学位点的布局：学校自主设置了具有交叉属性的二级学科和交叉学科，以及集成电路科学与工程等交叉学科门类下的一级学科，为培养复合型人才提供了平台。

3. 案例分析

国家战略需求驱动的交叉学科设置：交叉学科的设置应以服务国家重大战略需求为核心，明确界定交叉学科的内涵和边界，确保交叉学科的建设和发展与国家战略紧密相连：① 主干学科引领下的交叉学科建设：以主干学科为引领，构建跨学科的科研和教学团队，创新人才培养模式，建立交叉学科人才培养体系。② 制度建设和绩效评价导向的交叉学科管理：加强顶层设计，建立健全交叉学科相关制度和政策，建立适宜于多学科交叉融合的体制机制和绩效评价体系。

学科交叉建设是一个复杂而系统的过程，它涉及学科的整合、人才的培养、制度的创新等多个方面。南京师范大学的实践探索为我国高校的学科建设提供了宝贵的经验。不同高校应根据自身情况和国家战略需求，具体开展学科交叉和交叉学科建设，以培养适应未来社会发展的复合型人才，服务国家战略需求。

南京师范大学的案例分析显示，高校在学科交叉融合和交叉学科建设方面可以采取多种策略。首先，高校可以依托自身的优势学科，构建学科交叉群，促进学科间的深度合作。其次，高校可以通过设置学科交叉项目和平台，为交叉学科研究提供支持。最后，高校可以布局交叉学科学位点，培养符合社会需求的复合型人才。此外，高校在进行学科交叉建设时，需要考虑学科交叉的系统性、情境性和复杂性。这意味着学科交叉建设不仅要关注学科间的融合，还要关注人才培养、制度创新等多个方面。高校需要根据自身的特点和国家战略需求，制定具体的学科交叉建设方案，以实现学科交叉建设的目标。

南京师范大学的实践也表明，学科交叉建设需要高校在组织结构、人才培养、科研合作等方面进行创新。高校需要打破传统的学科壁垒,建立跨学科的合作机制,促进学科间的交流与合作。同时,高校需要重视交叉学科人才的培养,通过创新人才培养模式,培养具有跨学科知识和技能的人才。总之,南京师范大学的案例为我国高校在学科交叉融合和交叉学科建设方面提供了有益的借鉴和启示。其他高校也需要根据自身情况和国家战略需求,积极探索学科交叉建设的有效途径,以培养适应未来社会发展的复合型人才,服务国家战略需求。

7.5 小　结

通过清华大学的跨学科科研团队、北京大学的跨学科科研团队、复旦大学的跨学科科研团队等跨学科科研团队科研成果以及整合创新路径的分析可以发现这些基于跨学科的跨学科科研团队之间的整合创新大部分是各自专业知识之间的整合,是不同专业成员之间的协作,并且他们的整合创新路径基本可以归纳为三种:跨学科—知识整合—创新绩效,跨学科—知识整合—创新绩效—跨学科冲突—创新绩效,跨学科研究需求—组建跨学科团队—知识整合—创新绩效。他们组成跨学科科研团队的初衷就是不同专业成员之间的协作,集各家所长,做到知识技能的互补,提高工作效率。

跨学科产学研合作是应对复杂挑战、驱动原始创新和促进经济社会发展的关键模式,具有问题导向与目标驱动的特点,即围绕明确的、复杂的、具有重大意义的科学前沿难题或产业现实需求组织合作。高校提供知识创新的源头,提供人才、基础研究、技术成果;企业提出市场需求导向,提供应用场景、资金、产业化能力、市场反馈;而政府作为政策制定者、环境营造者、资金支持者和平台搭建者,提供规则、补贴、公平环境和共建中心等。

从斯坦福大学和慕尼黑大学案例来看,跨学科产学研实践成功关键要素在于以下几个方面:强有力的领导与战略眼光:大学管理层对跨学科和产学研合作的重视与推动;卓越的桥梁机构:高效运作的技术许可办公室、创新中心等,是知识流动和价值转化的关键枢纽;开放的创新文化:鼓励跨界交流、包容不同思维、容忍失败、尊重异质性的环境;清晰的价值创造与分配机制:确保研究者、高校、企业各方都能从合作中获得合理回报,激发持续参与动力;灵活的组织结构:打破传统院系壁垒,建立矩阵式结构、跨领域研究中心,适应项目需求;顶尖人才汇聚:吸引和培养具有跨学科视野、创新能力和实践精神的学生、教师、研究人员及产业专家;政府的有力支持:资金投入、政策引导,法规保障、平台搭建等;地理邻近与信任关系:如斯坦福与硅谷的地理共生,促进了频繁互动和长期信任。

从全国顶尖高校与企业之间的合作来看,无论是从企业层面还是从产业层面来看,高校与企业之间的直接专利合作都存在显著的门槛效应:即高校常与强企业(如国家电网公司、华为技术有限公司)的合作,高校会在技术密集领域与专利(如电力热力生产和供应业、计算机、通信和其他电子设备制造业)方面建立的合作关系。许多中小型企业(SMEs)也应更多地与大学合作,但往往由于经济实力或其他原因而失去机会,所以创新政策应将重点放在这里。在“大众创业,万众创新”的大背景下,千万中小民营企业是我国科技创新的主体力量。在构建知识产权协作高校网络的过程中,众多的民营企业、中小型企业是知识产权共享的主体部分。同时,相关国家也要以中小型企业为重点,引导和支持高校与中小型企业在专利技术领域开展长期深入的协同创新合作。

高校与衍生型、与周边型、与大型企业集团等三种类型的专利协作模式是目前大学专利协作网络的核心。针对高校间专利合作总体水平较低的现状,需要通过鼓励并充分利用大学衍生企业、周边企业以及大企业集团等对专利合作的积极影响,进一步拓展专利合作网络的深度与广度。高校与企业的创新合作受地理距离的限制,而高校与企业的集群合作则具有更强的区域性优势。因此,协调区域内外创新合作的政策需要有更明确的分类和目标,以更好地促进创新的扩散和区域一体化的溢出效应。

高校取得的专利技术及科研成果离产业化、商品化尚有一段距离,实验室研究成果要将成功转化为商业化产品,需要高校与企业之间长期进行技术交流与合作。传统的以项目为基础的专利协作多为短期和零散的形式,不利于大学和企业建立长期稳定的协同创新关系。清华大学与华为技术有限公司的专利合作,从一开始就培养人才、建立联合研究机构,是可持续联合创新机制的典范。高校和企业应充分发挥各自在联合创新链条中的优势,探索建立风险收益共享机制,逐步建立可持续的产学研合作机制。

政府要积极引导激励高校进行协同创新,为大学中跨学科团队的协同创新保驾护航,政府往往采用政策促进主体的活力或者用机制来规范主体的行为。政府可以支持并敦促大学建立信息交流和知识交易平台,促进交叉学科研究团队的形成,为协同创新项目建立快速的交流渠道,辅助大学成立相关中介服务机构,促进评估体系和具体方法的建立。同时加大对活动的监督,使其规范发展,要增大对协同创新活动的经费支持。政府要完善知识交流和协同行为的机制,建立系统性的政策法规,创造知识共享、成果共创的良好氛围。同时,政府作为“有形的手”要注意干预的程度,政府在创新整个过程中主要承担的是外部规范协调作用,真正产出还是要靠大学的科研机构,过度的干预可能会影响研究人员主动性的发挥,反而适得其反,要创造学术自由发展的良性秩序,积极调动科研团队的自主创新活力。

大学要紧跟时代发展的潮流,避免陷入闭门造车的境遇,大学有着优秀的人力资源和物质资源,要善于整合利用,要发挥协同创新的优势,不要只追求短期的发展和眼前的成果,避免急功近利。可以搭建跨学科创新团队的交流平台,促进知识的无障碍流通,提升相关学科的知识集聚度。着重营造知识共享共创的良好氛围,为校内跨学科科研团队的交流制定相关制度和鼓励政策。要重视人才的培养,将跨学科背景的教育模式常态化、规范化,建立优秀的交叉学科创新研发团队,规范跨学科创新的研究发展，推动交叉学科的人才流动，加强知识创造能力。跨学科的知识整合和团队的协同创新一定程度上需要全新的学科边界，高校要在此方面进行规范化的引导，消除学科壁垒，构建开放多元的交流氛围。大力完善创新成果的转化机制，提升转化平台的服务水平。要大胆进行科研管理模式的创新，跨学科的知识互换会产生新的交叉学科，这样就呼吁高校要积极探索管理方法的创新，发挥创新驱动科技发展政策的推动作用。最后，要勇于创新团队协同合作的机制，保证利益的合理分配，确保协调各团队朝着一个目标形成合力，要奖罚有度，形成系统性的评估模式。

政府要积极引导激励高校进行协同创新，为大学中跨学科团队的协同创新保驾护航，政府往往采用政策促进主体的活力或者用机制来规范主体的行为，政府可以支持并敦促大学建立信息交流和知识交易平台，促进交叉学科研究团队的形成，为协同创新项目建立快速交流渠道，辅助大学成立相关中介服务机构，促进评估体系和具体方法的建立，同时加大对活动的监督，使其规范发展，要增大对协同创新活动经费的支持。政府要完善知识交流和协同行为的机制，建立系统性的政策法规，创造知识共享、成果共创的良好氛围。同时，政府作为“有形的手”要注意干预的程度，政府在创新整个过程中主要承担外部规范协调作用，真正产出还是要靠大学的科研机构，过度的干预可能会影响研究人员主动性发挥，反而适得其反，要创造学术自由发展的良性秩序，积极调动科研团队的自主创新活力。

第 8 章　思政教一体化跨学科建设与评价

8.1　引　言

思想政治教育一体化在实践中涉及多学科的协同、整合和资源共享，具有明显的跨学科特征，主要表现为：① 课程整合：思想政治教育一体化强调思政课程与课程思政的融合，将思政教育元素内嵌于各门课程的内在逻辑之中。这种融合不仅涉及思想政治理论课，还涵盖公共基础课程、专业教育课程和实践类课程，体现了跨学科的资源整合。② 学科整合：在推进思想政治教育一体化的过程中需要打破学科界限，实现思想政治理论课与其他课程之间的功能互补。例如，高等教育阶段的思想政治理论课与通识教育、专业教育之间存在一致的育人目标，通过跨学科协同可以更好地实现育人功能。③ 多学科视角：思想政治教育一体化还强调从多学科视角构建课程体系。例如，心理学的理论与实践成果可以被引入思政教育课程体系，帮助优化教学内容和方法。这种跨学科的视角有助于丰富思政教育的内容和形式，提升育人效果。④ 跨学段的交流机制：在实践层面，思想政治教育一体化需要建立纵向跨学段、横向跨学科的交流研修机制。例如，中国人民大学通过“先修研学”课程群和学科营，推动大中小学思政课一体化建设，体现了跨学科和跨学段的协同。

思想政治教育一体化通过打破学科界限、整合不同学科的教育资源，形成了一个有机的育人体系。大中小学思想政治教育一体化具有重要的理论意义，它不仅关系到思想政治教育体系的完整与连贯，也是我国传统文化传承和学生价值观塑造的基石。统一的思想政治体系是思想政治教育一体化的重要基础。在大中小学各个学段贯彻统一的思想政治教育理念与内容，能使学生从小学到大学逐渐形成系统的思想政治体系。这种一体化、系统化的教育体系可以有效避免各学段教育内容的断层和重复，充分保证学生在不同年龄段接受到适合其认知和发展水平的思想政治教育，同时帮助学生深入理解社会主义核心价值观。

此外，思想政治教育一体化建设还促进了不同学段、不同学科教育工作者之间的学术交流与合作，从而很大程度促进了思想政治教育知识的整合创新。在思想政治教育一体化建设过程中，教育工作者跨学科、跨学段共同探讨并解决在实际教学过程中所遇到的问题，这增强了不同学段、不同学科教育工作者之间的交流与合作。这不仅能够提升思想政治教育整合创新的质量，也为思想政治教育理论研究提供了多样化的视角和思路，极大程度上推动了思想政治教育一体化理论研究的多层次发展。

现实角度上，思想政治教育一体化建设有助于学生的全面发展，通过对不同学段的学生实施连贯统一的思想政治教育，保证学生逐步形成正确的价值观、世界观和人生观。小学阶段的思想政治教育应更注重对学生道德品质的培养，让学生学习基本的道德规范；在初中和高中阶段要进一步深化思想政治理论教育，充分强化学生对社会主义核心价值观的理解；而在大学阶段，则应该结合学生的所学专业，通过课堂学习和社会实践等形式，提升学生的综合思想政治素质和社会责任感。同时，深度挖掘各类专业课程，如语文、历史、地理、数学、科学、艺术、体育等蕴含的思想政治教育资源，与思政课程同向同行，形成协同效应。通过这种一体化的思想政治教育，学生能够在各个成长阶段受到合适的思想政治教育，从而实现全方面发展。

青少年是国家的希望与未来。因此，思想政治教育一体化建设有助于国家未来发展与社会的和谐稳定。通过优质、一体化的思想政治教育，学生可以树立正确的社会责任感并增强爱国情感，正确认识个人与社会、个人与国家的关系，同时还能形成健康的心态和良好的行为习惯，促进国家与社会的发展。

8.2　思想政治教育一体化的各阶段目标和现存问题

思想政治教育一体化建设目标应是分层递进、内容螺旋上升的，同时需要打破学科壁垒实现协同育人。然而，当前实践中学段割裂、学科分离问题突出，亟需跨学段、跨学科整合优化路径。以下是不同学段阶段性目标。

小学阶段的目标是培养社会主义小公民。在小学阶段，主要目标是帮助学生认识社会主义核心价值观并养成良好的道德行为习惯。在思想政治教育过程中应该更重视培养学生的爱国情感和社会责任感，让学生在轻松的教学氛围中学习社会主义的行为规范。

初中阶段的目标是培养初步合格的社会主义公民。初中阶段的学生开始逐步形成自己的三观和判断力，在思想政治教育过程中，学校要持续深化学生的社会主义意识，帮助学生树立法治观念，使学生应该具备初步合格的思想品德素质，并具有正确道德选择能力和初步正确的政治取向。通过课堂学习、社会实践等形式促进学生理解社会主义制度的优越性。

高中阶段的目标是培养基本合格的社会主义公民。在高中阶段，学生的个性和专业兴趣正逐步形成，应该初步确立正确的人生观、世界观、价值观，要具备健康的生活方式。思想政治教育的目的要注重培养学生的辩证思维和创新能力。让学生积极参与社会实践活动，将所学内容付诸实际，不断锻炼学生的实践能力。

大学阶段的目标是培养高度合格的社会主义好公民。大学阶段是学生思想政治教育的完善发展阶段，也是核心阶段。大学阶段的目标应是帮助大学生具有坚定正确的政治方向，具有科学的思维方式、现代意识和健康的心理品质，能够处理自身在生活中遇到的困难和问题，从而形成社会主义好公民。

目前，大中小学思想政治教育一体化建设还存在诸多问题。

1. 各阶段整合不足

小学阶段存在教学内容碎片化、依赖单向灌输、未能有效链接其他学科资源的问题，可以采取将思政元素融入儿歌、绘本、艺术手工、科学实验等课程，强化体验式学习等跨学科整合的方式；中学阶段受应试教育影响，过度侧重知识目标，忽视价值观与跨学科实践衔接，可以采取历史课分析政策沿革，地理课解读区域发展，生物课关联生态政策，实现"议题式教学"等跨学科整合方式；大学阶段存在专业课教师对"课程思政"认同不足，存在"价值中立"误区，导致思政与专业教学"两张皮"等问题，可以采取专业课程需嵌入思政元素，如工程伦理、大数据治理等形式，通过课题研究推动知行合一等跨学科整合方式。

2. 课程设计缺乏有效衔接

在各个学段，部分思想政治教育的课程没有形成清晰的递进关系，使学生在进入下一学习阶段时需要重新学习相关的基础知识，或者发现新阶段的学习内容与之前学习的知识重复，从而没有实现有效衔接。小学、初中、高中和大学各阶段的思想政治教育的课程内容无法形成一个有机的整体，出现了内容断层和重复的问题。不同学科教师缺乏跨学段交流机制，难以设计连贯的跨学科主题。比如，小学和初中的思想政治教育内容可能存在重复，而高中到大学阶段则可能出现学习内容衔接不够紧密，导致学生的知识和观念无法循序渐进地连接起来。各学段的教材编写的内容脱节，教材的内容缺乏一体化的设计，使学生在不同学段难以形成系统性的思想政治知识体系与观念。

3. 师资队伍建设有待加强

当前，我国思想政治教育教师队伍的整体素质参差不齐，部分教师缺乏系统的专业培训和实际的教学经验。教师的教学水平将直接影响教育的效果，但目前许多学校的思想政治教育的教师并没有接受系统的培训，其教学方法也比较单一，缺乏吸引力。此外，不同教师的学历和专业背景也不尽相同，部分教师并非思想政治教育专业出身，这可能影响思想政治教育的质量，从而难以实现思想政治教育的一体化。同时，缺乏有效的教师激励机制也导致教师缺乏工作积极性与创新性，部分教师工作热情不高，缺乏创新动力，从而影响思想政治教育一体化建设的效果。缺乏激励机制推动教师跨学科协作，思政教师与其他专业教师联合备课不足。

4. 教育资源分布不均

我国城乡、地区之间经济发展不均衡导致其教育资源的分布也不均衡。因此，不同地区学生接受到的思想政治教育的质量差异也比较大。经济发达地区的学校通常具有比较丰富的思想政治教育资源，而欠发达地区的学校则面临师资短缺和教学设施落后的问题。这种教育资源的不均衡直接影响了学生的学习体验与教学效果，极大程度上限制了思想政治教育一体化建设的整体发展。这种教育资源配置不均衡导致学生教育机会的不平等。在教育资源相对匮乏的地区，学生可能无法接触到丰富多彩的课程活动，单一的思想政治教育课程缺乏对学生的吸引力，传统的教学方法缺乏实时性与实用性，无法满足学生的多样化需求。这不仅影响了学生个人的全面发展，还可能加剧未来地区的发展差距。

5. 教学方法较落后

目前，许多学校仍主要依靠教师讲解对学生进行灌输式教学，缺少学生的参与。这种单向传授知识的传统教学方式难以激发学生学习积极性，学生的课堂参与度较低，教学质量也不理想。现代教育理论认为学生的课堂参与性是很重要的，若在实际教学中教师仍然沿用传统的单向教学方法，则难以实现教学质量的提高。学科间未共建知识图谱，导致同一主题，如“法治教育”在政治、历史课中简单重复或缺失递进。在实际思想政治教育的过程中，教师对现代科学技术的应用较少，学校应该鼓励教师通过使用网络平台、数字化技术等现代教育方式与手段来调动学生的学习积极性，丰富教学方式，提高教育质量，为思想政治教育一体化建设提供坚实基础。

6. 评价体系衔接不足

不同教育阶段的思政教育评价标准存在较大差异。小学阶段强调情感和行为，中学注重思想转化和社会责任，而高中和大学则更侧重理论深度与社会实践的结合。由于缺乏跨阶段统一的评价标准，学生在不同阶段的评价标准存在较大的差距，难以形成完整的评价链条。大中小学思想政治教育评价体系的衔接不够紧密，尤其在过渡阶段（如初中到高中、高中到大学），学生的思想教育评价存在断层，无法有效对接和延续。比如，中小学阶段较多依赖教师评价和集体活动，而大学阶段则更多依赖学术成果和社会实践，缺乏系统性和连续性。另外，评价的实践性不足，很多时候评价仍偏重理论知识的掌握，忽视了学生在社会实践、志愿服务等活动中的实际表现和思考，同时也没有考虑学生个体差异问题，导致评价结果不能精准反映学生的全面发展。未建立跨学科核心素养评价标准，如科学精神与家国情怀的结合不充分等。

8.3　思政教一体化建设评价

8.3.1　思想政治教育一体化建设评价体系现状

“推进大中小学思想政治教育一体化建设”是推进我国教育系统高质量发展的制度创新，是新时代新征程全面落实立德树人根本任务的重大部署。而评价体系建立是其中重要一环，评价机制的合理性、科学性也在发展和完善中，目前存在问题主要表现在：

评价机制的建设缺乏系统性，纵向来看缺乏衔接性和连贯性。目前的评价机制主要涉及大学、中学、小学各个独立学段，没有建立全学段贯通的反馈机制，全过程联系脱节，未能做到大中小学各阶段评价体系全过程的有机整合。

横向体系对象不全面，方式单一。目前针对思想政治教育一体化建设的评价主要以学生、教师、课程三者其一为主体，没有以多元化和统筹兼顾的视角将三个主体的考核联系整合，并缺少实时的横向对比，科学性不足。

评价形式有待完善。教育目标的考核以大学、中学、小学各学段内的终结性评价为主，教学成效评估主要集中于德育评价和课程考试，缺乏过程性、多样性和多角度的考察评价形式，另外，思政教师和其他学科教师之前缺乏协同机制，评价形式难以全方位反映思想政治教育一体化建设进程。

一体化跨学科评价重视不足。构建思想政治教育一体化建设的跨学科评价体系，是一项既具挑战性又意义重大的任务。它要求突破单一学科的思维局限，整合多学科知识、方法和视角，对思想政治教育的全过程、全方位效果进行科学、系统、动态的评估。目前一体化建设评价对跨学科程度重视不足，未充分利用跨学科的思想进行科学评价。

8.3.2 思想政治教育一体化评价体系构建原则

1. 评价体系建设应基于各学段教育目标一体化

思想政治教育应围绕立德树人根本任务，以为党育人、为国育才为根本教育目标。一体化建设应根据学生成长规律和认知特点，充分协调和融合大学、中学、小学不同阶段的教育和教学目标，相应的评价体系也应该全面检验教育目标是否有效融入实际教学中。小学阶段以培养初步合格的社会主义建设者和接班人为目标，重视社会公德、家庭美德、文明守纪和热爱生活等内容；中学阶段以培养基本合格的社会主义建设者和接班人为目标，关注爱国守法、明辨是非、社会责任和树立唯物主义世界观等内容；大学阶段以培养高度合格的社会主义建设者和接班人为目标，着重政治方向、利益关系、正确人生观价值观等，培养学生成长为中国梦的推动者和践行者。评价体系应充分考察以上教育目标的实现，发挥评价机制的引导力和统筹力，进一步推动思想政治教育一体化建设水平提升和可持续发展的战略目标实现。

2. 评价体系建设应注重教育主体和客体的一体化

基于大学、中学、小学不同学段的个体发展规律及一体化的建设目标，针对教育主体即教师和教育客体即学生两个教育要素，构建科学严谨的一体化建设评价体系。在教师的评价中，应充分考察各学段教师师德师风、教学模式、实践能力、创新能力、课堂效果等多方面的情况，通过评价机制督促教师及时发现自身问题，提高教书育人技能。另外，在教师考核过程中应注意加入与其他学段的思政教师以及本学段其他学科教师的经验交流和资源共享的内容，形成纵向反馈闭环、推进横向融通，促进一体化建设水平的提升。学生政治素养、思维能力和实践能力的提升是实现一体化教育人才培养的关键。因此，在各学段学生的的考察中，不应只注重知识储备的评价，更应综合考虑学生在学习和实践中整合所学知识和能力，以及将其运用到实际问题解决中的能力，这可以不断优化课程设计、教学实践和教师综合能力，对于推动全方位育人、全程育人具有重要意义。

3. 评价体系建设应有助于丰富完善教育载体的一体化

思想政治教育载体主要包括课程设计、教学内容、授课方式等方面，一体化建设中应整合校内外的教育资源，形成多样化、灵活性的教育载体。思想政治教育内容的统一性应贯穿于不同的教育阶段中。比如针对同一思政课主题，如中国梦、依法治国、基层治理等，应充分考虑不同学段学生的教学目标、理解能力、实践能力等，采取逐步递进的形式使得相关主题内容逐步释放，做到层次分明和螺旋上升，使学生能够感受思政教育逐渐复杂化的进程，让学生在的递进的学习过程中不断发展政治素养。因此，相应的评价机制也应根据不同学习阶段的学习深度和要点相应调整，精准地反映不同学段教学内容的循序渐进和有机统一。

另外，不同学段对于教学形式的评价也应有所侧重。比如小学阶段以具象教学形式为主，评价指标中应考虑图文展示、游戏互动和行为示范等教学形式的实操性和效果；中学生认知能力和行动能力提高，更善于通过周围的事物发展出独立的思考，这个阶段的评价指标可以侧重实践的教学形式（包括调查、参观等）的考察评估。大学生心智发展成熟、学习和思考能力进一步提升，此阶段评价指标可侧重理论讲授深度和社会现实导向的互动教学形式，评估学生自行反思深度和综合素质。

4. 评价体系应打破学科壁垒，实现融合共生

一体化评价体系的建立应在充分理解“一体化”内涵的基础上，认识到思想政治教育本身就是一个融合政治学、教育学、哲学、伦理学、历史学、社会学、心理学、传播学等多学科知识与实践的综合性系统工程。同时，树立整体性评价观，评价目标应指向学生德智体美劳全面发展，特别是思想政治素养的综合性提升，如评价学生的价值判断力、社会责任心、历史使命感、文化自信、法治意识、道德践行力等，而非局限于单一学科知识点或技能的掌握。最后，应强调知识整合协同性，评价体系设计、实施、反馈各环节都需要不同学科背景的专家、教师、管理者、学生甚至社会力量共同参与。

8.3.3 思想政治教育一体化指标体系构建

大中小学思想政治教育一体化建设是一项系统工程，是全面贯彻党的教育路线

方针政策的重要举措。推进大中小学思想政治教育一体化建设，应创新方式方法，找准各学段教育着力点，推进大中小学各学院有机衔接。与一体化建设适应的评价体系的构建和完善是综合推进新时代思想政治教育一体化建设的重要组成部分。因此，建立“五域三层”的思想政治教育评估模式具有科学的理论与实践价值。

1. 评价指标体系的目标和标准

评价不过是价值的度量，根据马克思主义哲学的观点，“评价是一个认识和反思的过程，是评价事物对认识活动的价值判断”，评价的目的是准确把握价值的主客体关系，因此评价的操作过程必须包括原则、方法和目标的确立、评价标准的确立、评价机制的建立等。有短期和长期的评价机制等，从而多元、全面反映思想政治教育评价的复杂性、质量、难度和进度。应充分考虑课堂质量评估和实践教学评价，充分利用大数据挖掘技术等方法构建思想政治教育评价体系。

高校、中学、小学思想政治教育综合评价体系是一套完整的评价体系，可以从小学直接运用到大学，可以随着学生的整个学习生涯对学生思想政治教育的发展有一个完整的跟踪和反馈，纵向衔接，可以充分反映学生思想观念和思想政治素养在不同时期的变化，是一个具有普遍适用性的评价体系。同时，评价体系不仅要针对学生，应横向贯通学校、家庭与社会各领域，形成全方位、全过程、全员性的一体化评价机制。评价体系应体现学校思想政治工作在不同阶段的效果，使教育对象和教育主体都能在评价体系中得到督促、鼓励、同行、共同进步，从而使中小学思想政治教育通过。

评估目标：评估目标是确保评估系统的有效性和针对性。评价目标应包括知识、能力、情感和态度，以保证对学生思想政治教育成果的综合评价。

评价内容：根据评价目标，确定评价的具体内容。教学内容应包括教材、课堂、实践等方面，以保证对教师的教学效果进行全面的评价。

评价方法：采用考试、观察、访谈、问卷等多种评价方法，全面、客观地评价学生的学习和教师的教学效果。

评价标准：建立明确的评价标准，对学生的学习成果和教师的教学效果进行定量评价。评价应当科学、合理、可操作。

反馈机制：建立有效的反馈机制，及时将评价结果反馈给教师和学生。反馈结果应具体、详细，使教师和学生了解自己的不足，及时调整和改进。

2. 构建跨学科评价体系

跨学科目标设定应充分整合协同各个学科核心素养。将思政学科的政治认同、科学精神、法治意识、公共参与等核心素养，与相关学科，如历史学科的家国情怀、语文学科的人文底蕴、艺术学科的审美情趣、理科的理性思维、体育学科的意志品质等的核心素养进行关联、融合，提炼出体现一体化育人目标的、可观测/可评价的综合性素养指标。

明确各学科在“立德树人”根本任务中的协同点，设定跨学科共同支撑的评价目标，如批判性思维能力、解决复杂现实问题的能力、跨文化理解与沟通能力、社会责任担当等，聚焦共同育人目标。评价内容应综合化，注重评价跨学科知识整合迁移能力，不仅评价对思政理论知识的掌握，更注重评价知识在跨学科情境中的应用、迁移和转化能力，如运用历史唯物主义分析社会现象、用法治思维解决伦理困境等。

同时，评价学生对主流价值观的理解、认同和内化程度，通过哲学思辨、文学解读、社会调查等方式考察其价值立场，考察其在日常学习、生活、社会实践中的道德行为选择和社会责任感体现。可以充分结合跨学科理论和方法，如可结合心理学、社会学方法观察等，关注价值内化与行为外化。强调情境化问题解决，设计基于真实、复杂社会情境的综合性评价任务，考察学生综合运用多学科知识、技能和价值观分析问题、提出方案、采取行动的能力等。这都需要教育学、社会学、管理学等视角。另外，还可以融入文化认同与情感态度，结合艺术、文学、历史等学科内容，评价学生对中华优秀传统文化、革命文化、社会主义先进文化的理解、认同和情感态度等。

一体化建设跨学科评价方法应具有多元化的特点，定量与定性结合。整合社会科学如社会学问卷调查、统计学分析等，教育测量学如标准化测试、量表设计的定量方法，与人文科学如哲学思辨、文本解读、深度访谈和行动研究如项目评估、案例分析的定性方法，相互印证。

一体化建设跨学科评价应注重过程性与终结性并重。过程性评价中可以利用教育信息技术、课堂观察、小组讨论记录、反思日志等，追踪学生在跨学科项目学习、主题活动、社会实践中的参与度、合作精神、思维发展、价值体悟过程等。而在终结性评价时，除了传统考试，更多采用研究报告，如在跨学科分析框架下进行跨学科思政主题的艺术创作、制作多媒体创意作品等，通过模拟实践、综合性答辩等形式进行考核。引入表现性评价的形式，设计需要综合应用知识、技能和价值观才能完成的任务，直接观察和评价学生的实际表现。

评价工具与标准也可以充分体现跨学科整合特点。开发跨学科评价量规，设计能同时衡量知识整合、思维深度、实践能力、情感态度、价值判断等多个维度的综合性评价量规。量规的指标和描述语需要整合跨学科语言表征。利用信息技术，整合来自不同学科、不同主体、不同场景的评价数据。运用教育学、数据科学、社会学等知识进行综合分析，形成立体画像，建立多维数据采集与分析系统。

3. 基于效果阶梯理论设计评价指标

效果阶梯理论分别从认知、情感、态度、行为四个层面探究教育效果，效果的产生是一个从认知学习到效果反映再到形为效果的过程。思想政治教育评价指标体系分为三大部分，即大中小学，涵盖四个领域，包括学校思政教育建设；教育主体即任课教师；教育载体即课程；教育客体即学生；即对四个领域的三个学段分别设计评价指标，各领域按照考察的侧重点不同再依次设计二级指标，由低级到高级的顺序再依次划分三级指标，如教师的教学理念、个人魅力、理论基础、教学能力、授课方式、创新能力、课外活动参与等；学生的科研与实践情况、思政文化活动参与、逻辑和辩证思维自评、法律修养、自主学习意识、创新成果、观察分析问题、学业成绩、学习效果和课外延展等组成评价框架的基础，涉及教育活动的各个方面。在思政教育一体化评价体系的构建过程中，指标的确定主要遵循以下三个原则（表 8－1）：一是衔接性，二是递进性，三是独立性。

表 8－1　大中小学思想政治教育一体化评价指标体系

<table>
<tr><th>一级指标</th><th></th><th>二级指标</th><th>三级指标</th></tr>
<tr><td rowspan="9">学校思政教育建设</td><td rowspan="3">大学</td><td>思政教育目标</td><td>基本原理概论、理想信念教育、社会主义核心价值观教育、中华优秀传统文化教育、生态文明教育、心理健康教育、专业独特情怀教育</td></tr>
<tr><td>党团与学风建设</td><td>党团组织建设、主题学习教育、学术规范、科研诚信、日常教育管理、文化活动组织</td></tr>
<tr><td>组织队伍与平台建设</td><td>组织机构（党委、学工部、团委等）建设、思想政治教育专业资源库平台、资源共享平台融通度、平台模块丰富度、导师队伍、思政任课教师队伍、与大小中学思政教育教师交流次数
是否充分融合跨学科资源</td></tr>
<tr><td rowspan="3">中学</td><td>思政教育目标</td><td>理想信念教育、社会主义核心价值观教育、中华优秀传统文化教育等思政相关课程开设情况</td></tr>
<tr><td>党团与学风建设</td><td>党团组织建设、主题学习教育、日常教育管理、文化活动组织</td></tr>
<tr><td>组织队伍与平台建设</td><td>组织机构（党委、学工部、团委等）建设、思想政治教育专业资源库平台、资源共享平台家庭社会融通度
是否进行多学科教学资源和师资力量融合</td></tr>
<tr><td rowspan="3">小学</td><td>思政教育目标</td><td>中华优秀传统文化教育等课程</td></tr>
<tr><td>党团与学风建设</td><td>党团组织建设、主题学习教育、日常教育管理、文化活动组织</td></tr>
<tr><td>组织队伍与平台建设</td><td>组织结构建设完整度、资源共享平台教师与家庭参与度
是否结合语文、艺术等课程联合备课</td></tr>
</table>

续表 8－1

一级指标		二级指标	三级指标
教育主体（教师）	大学	个人能力	政治站位、多学科知识储备、科研成果、教学态度、理论功底、言谈举止、思想见解
		授课能力	课堂环节设计、新技术应用、师生互动形式、教学经验、结合多学科知识教学、垂范引导作用
		课外延展	竞赛指导、实践与志愿服务、相关研讨活动参与、政策谏言
	中学	个人能力	政治站位、理论储备、语言逻辑、思想见解、多学科知识储备
		教育能力	课堂环节、新技术应用、师生互动形式、结合多学科知识教学、家长沟通、教学经验、垂范引导作用、实践活动组织情况
	小学	个人魅力	多学科知识储备、教学感染力、耐心引导学生的能力
		教育能力	是否课下家访、是否提供丰富生动的教学素材、延申其他学科知识教学、是否有效家庭沟通、课下提供书籍指引、实践活动等
教育载体	大学	教育目的	厚植爱国情怀、明确人生方向，完成思政教育内化
		教育内容	系统性：时事热点与基本原理概论结合、与本专业契合度 通过具体案例分析，培养独立思考能力和思辨能力 深刻性：内容涉及知识面是否广泛；是否对人生理想具有启发性
		教育形式	跨学科教学工具应用：课件板书详细充实；VR、AR 等新技术；视频音频使用 课堂设计：课程形式多样、课堂环节转换、课堂节奏、课堂氛围 多学科融合社会实践：组织参观、实地考察、暑期调研、志愿活动和研讨、视频公账号传播思想政治教育内容，主导乡村振兴创业项目（经济学＋农学），在国际舞台传播中国方案（传播学＋外交实务）
	中学	教育目的	培养兴趣、建立正确的理想观念
		教育内容	知识性：故事案例与知识点契合度、内容逻辑清晰度 启发性：是否对专业兴趣有所启发 跨学科实践：发起多学科社会调研或提案
		教育形式	课件板书是否通俗易懂 视频音频 VR、AR 等新技术使用 多学科教学资源使用 是否组织集体文化活动、跨学科综合社会实践、校园文化活动、文艺演出、讨论会、思想政治教育专题讲座等
	小学	教育目的	建立初步是非观念
		教育内容	趣味性与吸引力 是否结合实物开展跨学科整合创新教育
		教育形式	课件板书是否简单明了 视频音频 VR、AR 等新技术使用 老师与学生以及学生间的有效讨论互动 是否组织郊游活动等

续表 8-1

一级指标		二级指标	三级指标
教育客体（学生）	大学	学习效果	课程成绩：成绩评定 毕业调查：升学情况、就业情况、是否党员等 综合素质：独立思考能力、批判性思维、自主学习能力、创新能力、国际视野、社会实践能力 思想政治素质：政治认同感、爱国情感、社会责任感和集体主义精神 跨学科认知理解：对政治理论、历史脉络、法治逻辑、文化价值的系统认知 整合创新：运用多学科知识解决复杂现实问题的能力
	中学	学习效果	课程成绩：成绩评定 毕业调查：升学情况 个人素养：思政活动参与度和集体意识、自主学习意识、思想道德基础与法律修养、自我评价和他人评价 跨学科行为实践：社会责任行为、道德选择、公共参与能力
	小学	学习效果	课程成绩：成绩评定 学习态度、课程讨论参与度、积极性和合作精神 跨学科认知理解：对政治理论、历史脉络、法治逻辑、文化价值的系统认知

8.3.4 评价体系特点

大中小思想政治教育一体化评价方法具有跨学科多元整合特点。评价基于多维度数据的采集，结合教育测量学、心理学和社会学的量化数据，并整合辅如人类学、哲学等质性的分析。动态过程评价可利用信息技术，如学习档案袋、VR 沉浸式体验记录、数字画像分析等手段。还可以进行情境化任务设计，设计跨学科复杂情境任务等，如“模拟联合国”“社区治理方案设计”等实践手段。评价主体的协同联动机制是一种非常重要的机制，跨学科评价需要多元主体参与，形成“评价共同体”。具体而言，需要教师协同，即思政教师与学科教师共同设计评价量表；同时需要社会参与，即行业模范、家长、社区代表评价实践表现；另外也进行学生自评互评，通过批判性思维训练与协作任务结合，提升自我认知能力。

1. 小学阶段的思想政治教育评价特点

关注情感态度与价值观的培养：小学阶段思想政治教育主要是培养学生的道德情感、社会责任感和基本的价值观，是道德情感启蒙和行为习惯的整合。评价更多侧重于学生的情感体验、行为表现和价值观念的初步形成。

评价方法：主要通过观察、互动、讨论、集体活动等方式，评价学生对社会主义核心价值观的理解和认同情况。例如，通过课堂讨论、团队合作、日常行为习惯等方式观察学生的行为是否符合社会规范。

以过程性评价为主：评价通常较为灵活，注重过程中的成长和变化，而非单一的最终成绩或知识掌握程度。

2. 初中阶段的思想政治教育评价特点

加强知识与价值观的结合：初中阶段思想政治教育的内容逐渐加入对社会问题、历史发展和文化传承的学习，评价开始结合学生的知识掌握和思想品德水平；是价值观塑造和社会认知的整合，更加注重学生的理性思维与情感态度的融合。

评价方式的多样化：除了课堂表现、作业与测验外，还会通过小组讨论、社会实践活动等形式进行综合评价。例如，组织学生参观社会历史遗迹或进行社会调查活动，评价其对社会和历史的认识。

注重综合素质发展：评价不仅仅局限于学科知识，还包括学生的社会适应能力、集体主义精神、团队合作等方面。

3. 高中阶段的思想政治教育评价特点

加强理论学习与社会实践的结合：高中阶段的思想政治教育重点在于培养学生的理论思维能力和社会责任感，尤其是在面对复杂的社会问题时的思辨能力。评价更加注重学生对政治理论、法律、经济、文化等社会现象的理解和分析能力。

强化知识应用与批判性思维：在评价时，教师会结合学生的综合素质来进行分析，评估其是否能够运用所学知识解决实际问题、是否具备批判性思维和解决问题的能力。

多元评价方式：除了课堂考试、作业外，还包括社会实践、学科竞赛、调研报告"模拟联合国"等形式。社会实践活动对学生思想政治教育的影响逐渐增大。

个性化评价：随着学生的成长，思想政治教育的评价会更加注重个体差异，强调每个学生独特的思想发展和价值观取向，评价过程中会考虑到学生的成长轨迹和个性特征。

4. 大学阶段的思想政治教育评价特点

理论深度与实践能力并重：大学阶段思想政治教育更加注重学生对马克思主义理论、政治经济学等知识的深入理解，同时强调培养学生的社会责任感和实践能力。评价不再仅仅局限于知识掌握，还包括对学生社会实践活动的参与情况、思想政治活动的积极性等方面。

多维度综合评价：大学阶段的评价通常是全方位的，结合期末考试、社会实践、学生参与集体活动的情况、课外学习和思政工作等多方面进行综合考量。

关注思想多样性和批判精神：在大学阶段，评价逐渐趋向于多元化和个性化，尊重学生的自主思考和独立见解，鼓励批判性思维和社会创新。

8.4 思政教一体化建设实践

航天事业的发展是一项系统工程，需要多部门、多机构、、多组织、多学科的高度融合与对接，这是我国跨学科的重要事件。中国航天事业的进步带来了引人瞩目的成就，这不仅是科技探索的成果，更是民族自信的象征。通过发展航天事业，建设航天强国，是中国人不懈追求的航天梦，同时也是伟大祖国的强盛之梦、中华民族的复兴之梦。航天梦的内涵包括热爱祖国、无私奉献、协同攻坚的崇高境界与大局意识，因此，“航天梦”已融入“中国梦”，成为“中国梦”的一部分。

国家强调思政教育的重要性，并在《关于深化新时代学校思想政治理论课改革创新的若干意见》中提出一体化建设目标，这就为思政教育中“航天梦”的引导和教学实施提供了具体方向。应根据各学段学生特点及学校自身情况，将“航天梦”作为“中国梦”的重要部分，引导学生深入了解国家航天发展，学习航天精神，鼓励学生们大胆创新，探索其他领域的奥秘。

8.4.1 教学目标

构建连贯的课程体系：通过“航天梦”的思政教育主题，设计实行一个全面覆盖大中小学各阶段的思政教育体系，针对不同学段学生的心理发展要求，分层次制定教学内容，形成由浅到深、循序渐进的学习路径。

1. 小学阶段

小学高年级学生处于形象思维向抽象思维过渡的阶段，可以通过图文分析、优秀宇航员事迹等具体案例出发，了解航天梦的意义，感受梦想的力量，体会梦想不分大小，只要能为国家做贡献都值得尊重。

2. 中学阶段

此阶段可以通过情境分析，进一步认识和了解航天梦的内涵.通过博物馆实地考察和参观等，理解航天员精神，为什么要实现航天梦，引导学生树立远大理想，激发学生的爱国情感与民族自豪感。

3. 大学阶段

深入系统学习中国航天梦的发展历程，学生分小组分享、交流阐述，联系中国航天事业发展经历的困难和辉煌，理解航天梦的本质，进而懂得实现中华民族伟大复兴的中国梦的意义，坚定中国特色社会主义的理想信念，培育学生的政治认同素养。

8.4.2　教学设计

1. 小学阶段

(1) 教师导入。每个人都有自己的梦想。每个梦想都承载着对未来的追求和美好希望。你的梦想是什么呢？大家是否了解中国航天事业的发展，有没有将来想投身航天事业的同学呢？请说一说。

(2) 学生活动。4 人为小组，交流自己的梦想以及对中国航天事业的了解。

(3) 播放视频。玉兔月球车、中国天宫空间站、神舟十八号发射及入驻“天宫”视频片段。

(4) 学生交流。请同学们复述航天里程碑事件，讲讲自己理解的航天梦。

(5) 学生分享。请学生根据课前做的准备，讲讲自己了解的宇航员和他们具有的航天精神；应该具备怎样的素质和什么能力才能实现航天梦。

(6) 教师总结。“探索浩瀚宇宙，发展航天事业，建设航天强国，是我们不懈追求的航天梦。”为实现航天梦，需要特别能吃苦、特别能战斗、特别能攻关、特别能奉献的精神。正如习近平总书记所说“青少年要敢于有梦。有梦想，还要脚踏实地、好好读书，才能梦想成真”。空有梦想，没有行动，只会离梦想越来越远。如今，同学们也要为了自己的梦想，积极行动。

(7) 开放活动。① 请同学们自己制作梦想卡，通过课后查找资料了解梦想的实现具体需要付出哪些努力，尝试对自己实现梦想进行规划，并在小组间进行交流；② 坚持 21 天科学小知识学习打卡。

(8) 拓展延伸。请同学们了解更多航天发展的历程和重要事件，制作航天模型。坚持科学学习打卡，用积木设计月球基地。

小学阶段跨学科评价指标见表 8－2 所列。

表 8－2　小学阶段跨学科评价指标

评价维度	跨学科指标
认知理解	复述航天里程碑事件（历史＋语文） 识别航天器功能（科学启蒙）
情感认同	绘制“我的航天梦”表达向往（美术＋心理学） 升旗仪式中模仿宇航员敬礼（仪式教育＋行为观察）
行为实践	制作航天模型协作度（劳动技术＋社会学） 坚持 21 天“科学打卡”（习惯养成）
整合创新	用积木设计月球基地（工程思维＋艺术）

2. 中学阶段

(1) 活动设计一。飞天探秘:青少年航天科普行——参观中国航天博物馆。通过参观中国航天博物馆,加强学生对中国航天事业发展历程的认识,传播和弘扬航天精神。观看航天员事迹介绍。通过展览中的互动体验,培养学生的科技创新能力。

(2) 参观活动。重点了解古代航天探测运载火箭、载人航天、人造卫星、月球探测、中国航天形象、未来航天展望等展区。

(3) 教师导入。同学们,航天精神是我们每一个中国人的精神财富。请大家思考一下,航天精神对我们青少年有什么启示和影响?

(4) 学生交流。学生 A:航天精神告诉我们,无论面对多大的挑战,只要我们坚持不懈,就能够取得成功。

学生 B:航天精神还体现了对知识的尊重和对科学的热爱。

(5) 教师总结。航天精神不仅是我们学习的动力,也是我们在学习生活中面对挑战时的宝贵财富。

(6) 活动设计二。观看央视采访宇航员的视频。

(7) 教师导读。景海鹏的故事展现航天员的什么精神?请大家思考一下,给我们学习和科研带来哪些启示?

(8) 学生交流。航天员对训练的严谨态度让我非常敬佩。他们坚持在模拟器上进行大量训练,在面对紧急情况时能够冷静处理令人敬佩。特别是在执行任务中,面对仪表误报警的紧急情况,航天员能够迅速采取措施,使任务顺利进行。

(9) 教师导入。请大家分享一下,你们认为个人的梦想与国家航天事业之间存在怎样的联系呢?

(10) 学生交流。学生 A:航天事业成就激励我们去追求自己的科学梦想,也许将来我们中有的同学会成为航天工程师或者宇航员,为国家航天事业的发展贡献力量。

学生 B:我觉得个人的梦想和国家航天事业是相辅相成的。国家航天事业的发展为个人提供了实现梦想的机会。同时,个人的努力实现梦想又能推动航天的进步。

(11) 教师总结。个人梦想与国家航天事业之间是紧密联系的。让我们一起努力,为实现“航天梦”“中国梦”贡献力量。

(12) 知识拓展。用编程模拟轨道计算,设计火星移民可持续发展方案。

中学阶段跨学科评价指标见表 8-3 所列。

表 8-3　中学阶段跨学科评价指标

评价维度	跨学科指标
认知理解	解读航天精神与民族复兴关系(政治+历史)
情感认同	博物馆参观后撰写民族自豪感报告(语文+社会学) 撰写航天员事迹对职业选择的影响(职业规划+心理学)
行为实践	模拟卫星发射团队协作(项目管理) 社区航天科普宣讲(传播学)
整合创新	用编程模拟轨道计算(信息技术+天文学) 设计火星移民可持续发展方案(地理+经济学+伦理学)

3. 大学阶段

(1) 活动设计一。观看纪录片“为国铸剑”第三集上片段,请同学体会和交流体会到的中国老一辈航天人展示出来的航天精神。

(2) 教师导入。“为国铸剑”以酒泉卫星发射中心发展进程为线索,以航天历史进程重大事件为节点,采用历史与现实相结合的叙事方式通过讲述人物故事,集中展示老一辈航天人的奋斗历程。请同学们说说从这个片段能看出早期航天人具有怎样的品格?

(3) 学生交流。老一辈航天人具有百折不挠的坚韧品格,这段视频正能量满满……

(4) 教师总结。追求卓越与冷静面对困难是我们在面对学习、科研、以后工作中的各种挑战时都需要具备的素质,希望我们一起以航天员为榜样,锤炼意志、提高能力,在人生的征途上勇攀高峰。

(5) 开放思考。请学生课后查找更多优秀宇航员事迹,加强对“航天梦”的理解;联系当今国际形式,分析“太空霸权论”。

(6) 活动设计二。图文展示中国航天发展大事记,重点介绍中重要里程碑,让学生体会中国航天事业发展经历的困难和成就,理解航天梦的本质,懂得航天梦和中国梦的关联,坚定中国特色社会主义的理想信念,培育学生的政治认同素养。

(7) 教师引入。请同学总结取得航天事业成就的过程,交流为什么要实现航天梦,如何能够实现航天梦,航天梦和中国梦有什么关联。

(8) 小组讨论后分享。航天事业的发展对于国民经济和国计民生具有重要意义。它支持基础科学研究,同时日常生活已经离不开航天,如通信、导航、遥感等技术广泛应用于各个领域。航天技术与军事斗争密切相关,在现代高科技战争中,没有制信息权就没有一切,而要争夺信息的控制权就不能放弃太空。

(9) 知识延伸。解析航天技术“卡脖子”问题原因,策划航天精神展。

大学阶段跨学科评价指标见表 8-4 所列。

表 8－4　大学阶段跨学科评价指标

评价维度	跨学科指标
认知理解	解构航天技术“卡脖子”问题的地缘政治根源(国际关系＋科技政策)
情感认同	辩论“太空霸权论”(外交实务＋传播学)
行为实践	策划航天精神展出(艺术策展＋跨文化传播)
整合创新	构建“太空命运共同体”治理框架(全球治理＋法学)

发展航天技术不仅是民族智慧、经济实力、综合国力的重要体现，也促进我国生产力的发展，提高我国的国际威望，更提升了全国人民的民族自豪感和自信心，因此，航天梦也是中国梦的一部分。

8.4.3　案例分析

结合以上教学实例，对各学段评价情况进行分析：

1. 小学阶段

(1) 关注过程性评价。小学阶段的思想政治教育侧重于学生思想情感的培养和价值观的初步建立，因此评价主要关注学生在学习过程中的态度、行为和情感变化，而不仅仅是结果。注重学生对知识的理解和对社会规范的初步认同。

(2) 互动式评价。小学阶段思政教育的评价形式以师生互动和同伴评价为主，通过小组讨论、课堂互动等形式，观察学生的参与情况和表现，评价学生的积极性和合作精神。

(3) 鼓励性评价。此阶段的评价注重激励学生的积极性与主动性，通过表扬、鼓励等手段促进学生自信心的提高。评价标准相对宽松，注重学生的成长过程而非固定的成果。

(4) 小学阶段，学科渗透以语文、道德与法治为主。跨学科评价主要发生在与思政教育天然联系紧密的学科，如语文评价学生在朗读爱国诗歌、讲述英雄故事时的情感投入；在写作中对“好人好事”的价值认同；在口语交际中体现的文明礼貌；艺术评价学生在演唱爱国歌曲、描绘家乡美景时表现出的情感；在集体艺术活动中表现的合作精神；综合实践活动评价学生在参与社区服务、环保活动中的责任感、合作意识和公民行为。

2. 初中阶段

(1) 综合性评价。初中阶段的思政教育评价不仅关注学生对理论知识的理解和掌握情况，还要重视学生思想的实际转化、、评价学生对社会问题的认识和参与度以及他们的社会责任感、集体主义精神。

(2) 形式多样。评价方式多种多样，包括课堂表现、作业完成、社会实践活动等。

尤其注重学生的社会实践，学生在实践中的表现和思考是评价的关键部分。

（3）个性化评价。这一阶段的学生逐渐开始展示出个体差异，评价也开始注重个体的发展，尊重每个学生的不同需求和成长轨迹，关注学生思想情感的深度与广度。

中学阶段跨学科整合评价范围扩大，除语文、道德与法治/思想政治课外，扩展到其他多学科。例如，历史评价学生能否运用唯物史观分析历史事件、评价历史人物；能否从历史脉络中理解国家发展道路、民族精神，形成正确的历史观和国家认同。地理评价学生理解国情时的家国情怀和可持续发展观念，分析区域发展差异时的公平正义意识，认识国家版图时的领土主权意识。语文评价在议论文写作中体现的价值观导向和论证逻辑；在经典文本解读中对文化传统、民族精神的理解深度和批判性思考；在新闻阅读中的媒介素养和辨别能力。

3. 高中阶段

（1）思辨性与深度评价。高中阶段学生的认知能力和思维深度有了明显提升，思政教育的评价开始更多地关注学生的思辨能力、批判性思维以及对社会问题的深刻理解。评价重视学生如何将理论知识与实践结合，如何思考国家和社会的问题。

（2）学习成果与行为表现并重。高中思政教育评价体系既要关注学生学习理论的成果，又要注重学生在实际生活中的行为表现，尤其是在集体活动中的参与度、责任感和团队精神。

（3）自我评价与他人评价结合。随着学生自我意识的增强，自我评价开始成为思政教育评价的一个重要方面。同时，也要通过同学互评、教师评价等多元方式，促进学生自我反思与自我提升。

在跨学科整合评价方面，学科范围扩大。物理、化学、生物等理科评价科学伦理意识、科学精神、理解科技发展与社会责任、国家战略的关系等。艺术评价对艺术作品思想内涵和人文价值的理解深度，在艺术创作中表达的家国情怀、文化自信或社会关切。英语评价在跨文化交流中展现的文化自信、国家立场和文明互鉴的态度，在理解外国文化时的批判性思维和民族认同等。信息技术：评价网络道德、信息安全意识、辨别网络信息真伪的能力、在网络空间中的言行是否符合公民规范。

4. 大学阶段

（1）系统性与专业性评价。大学阶段的思政教育更加注重理论与实践的结合，评价标准趋向于系统性和专业化。学生不仅要掌握一定的政治理论知识，还要能够将这些理论应用于实际问题的分析与解决中。

（2）综合素质评价。大学阶段评价不仅包括学术水平和政治素养，还要关注学生的创新能力、社会实践经验、国际视野等多方面的素质。评价的多维性和全面性更强。

(3) 政治认同与社会责任感。在这一阶段，着重评价学生的政治认同感、爱国情感、社会责任感和集体主义精神的培养，关注学生在社会实践中的具体表现，强调个人与社会、国家的关系。

大学阶段思政教评价与跨学科深度整合，与专业特色相结合。这要求思政教育深度融入所有专业的人才培养体系，跨学科评价具有鲜明的专业特色。如哲学社会科学类专业评价学生运用马克思主义理论分析本专业领域重大理论和现实问题的能力，学术研究中的价值立场、学术规范和社会责任感。自然科学与工程技术类专业评价学生的科学精神、工程伦理、科技报国的志向，理解科技发展的社会影响、伦理边界和国家需求，在专业实践中体现的责任担当。医学类专业评价生命伦理观、医德医风、以人民为中心的健康服务意识。艺术类专业评价创作中体现的社会主义核心价值观、时代精神、文化自信和人民情怀等。

对于"个性"培养初始阶段的小学生来说，一堂有实效性的思政课应是理论和实践的互动统一，是思政小课堂和社会大课堂的有机结合。通过一些图文案例、视频片段引发思考，激活学生已有经验，从个人梦想展开，到航天梦再到中国梦，通过对航天精神的学习，引发通过实干来实现梦想。"纸上得来终觉浅，绝知此事要躬行"。培育学生的政治认同素养不能纸上谈兵，应依托社会实践，通过体验式教学增强学生政治认同。初中时期在教学过程中鼓励学生开放自我，让学生通过观察和思考，探寻真理，将书本上较难理解的内容生活会、具体化。大学阶段学生具有一定的思维和分析能力，需要教师提供丰富的素材、适当引导，充分发挥学生的主体性，引导学生在互动活跃的氛围中深入思考，达到教学目的。

根据不同学段的思想政治教育评价有着明显的层次性和差异性，分学段评价要点如表 8-5 所列。

表 8-5　学段评价

项目评价名称	小学	中学	大学
评价要点	学习态度 课堂参与度 小组讨论表现 同学互评情况 结合多学科评价	概念理解程度 思辨能力 课堂参与度 知识迁移能力 活动后总结质量 同学互评情况 结合跨学科评价	理论理解深度 自主思考能力和思考深度 知识迁移能力 政治素养 自评情况 高度综合化、过程化、成果化的跨学科评价

从小学阶段的鼓励性评价、初中阶段的综合性评价，到高中阶段的深度思辨评价，再到大学阶段的系统性与综合素质评价，各阶段评价的内容和方式都紧密结合学生的成长特点和思政教育的目标，确保学生在不同阶段得到适合的教育引导。

8.5　小　结

思想政治教育一体化具典型的跨学科特性。基于目前大学、中学、大学三个学段思想政治教育一体化建设的特性和现状问题，开展科学有效的分析与评价，针对教育主体教师和教育客体学生分别提出相应的激励措施，并给出切实可行的政策建议，具有重要的理论价值及实践意义。

跨学科协同整合的实施路径可以从以下几点着手：

重构课程体系，强化学科联动。通过设计跨学段主题链将不同学段思政课内容充分衔接，实现纵向贯通。开发“学科思政资源包”，语文课融入红色经典文本分析，数学课用统计数据解读脱贫攻坚成效，艺术课创作民族文化主题作品等实现横向融合。

创新教研机制，打破教师壁垒。可成立跨学科备课组，定期研讨思政元素跨学科整合创新点。推行师资互聘，邀请高校社科教师指导中小学课程设计，中小学教师参与大学实践项目开发。

数字赋能资源整合。搭建思政资源云平台，按学段、学科分类共享案例。利用大数据分析学生画像，智能推送跨学科学习项目。

另外，思想政治教育教育跨学科一体化还需要充分的保障机制和激励机制。

1. 保障机制支撑跨学科评价落地

教育行政部门和学校领导需高度重视，顶层设计，研究制定相关制度保障。将跨学科评价作为一体化建设的核心内容，制定专门政策，提供资源支持。建立跨学科教研共同体和评价工作组，明确职责分工和协作机制。改革教师评价体系，将参与跨学科教学和评价的贡献纳入考核。加强教师跨学科素养培训，帮助教师理解相关学科的核心概念、思维方式和评价方法，支持教师跨专业发展。开展跨学科评价设计与实施的专题研修和工作坊，鼓励教师进行跨学科评价的行动研究。建设跨学科教学资源库和评价案例库。开发和推广支持跨学科评价数据采集、整合、分析和可视化的信息化平台，提供资源共享平台与技术支撑。在学校营造鼓励创新、包容差异、支持跨学科合作的评价文化。加强宣传，让师生、家长理解跨学科评价的意义和价值，营造跨学科教学文化氛围营造。

2. 制定统一的评价标准框架

建立一个涵盖各教育阶段的思想政治教育统一评价标准框架，为大中小学阶段的评价体系提供指导。框架应在遵循各阶段教育特点的前提下，明确各阶段评价的核心目标、关键能力和知识要求，确保各阶段的评价目标连贯、渐进。

小学阶段：侧重情感认同、行为习惯和基础价值观的培养。

初中阶段：注重思想转化、社会责任感和集体主义精神。

高中阶段:强调批判性思维、社会实践能力和团队协作精神。

大学阶段:关注理论知识的深度、实践能力的运用以及创新和社会责任感。

3. 构建阶梯式的评价体系

基于学生在不同阶段的认知水平和心理发展特点,设计阶梯式的评价体系,每个阶段的评价要为下一阶段打下基础,实现自然衔接。

小学阶段通过观察学生的情感变化和行为表现,初步培养其价值观和社会认同。初中阶段可以在小学的基础上,引入一定的理论学习和社会实践,评估学生的思考能力、责任感及集体主义精神。高中阶段进一步强调理论与实践结合,评估学生的批判性思维和社会参与。大学阶段则聚焦学生的综合素质和创新能力,评价标准更为系统化和专业化。

4. 加强跨学科跨阶段教师的沟通与协作

教师之间的沟通与协作是保障思想政治教育评价体系衔接顺畅的重要因素。定期组织跨阶段教师培训和座谈会,交流教学经验、评价标准和学生成长特点,形成一致的教育理念与评价方法。除了不同学段教师交流外,也可加强同学段不同学科教师关于学生思政素质培养的交流。讨论如何通过课堂互动激发学生的社会责任感,并逐步引导学生向更高层次的批判性思维过渡,或探讨如何培养学生的自主思考与实践能力,并更好地运用所学的理论分析社会问题。

5. 强化跨学科社会实践和项目式学习

加强社会实践活动的组织与评价,将其作为各阶段思政教育评价的重要组成部分。社会实践可融合多个学科,帮助学生在实际生活中理解并运用思想政治理论,也有助于评价学生的实践能力和社会责任感。具体措施包括小学阶段可以通过参观社会、集体活动等形式,观察学生的情感认同和集体主义精神;初中阶段可组织学生参与志愿服务、社区活动等,评价其社会责任感和集体意识;高中和大学阶段应更多地引入项目式学习和社会实践,学生可在社会问题调研、公益活动等项目中发挥其分析、批判和实践能力。

6. 促进学生自我评价与同伴评价

随着学生自我意识的增强,自我评价和同伴评价成为思想政治教育评价的重要环节。这不仅有助于学生的自我反思和成长,也能促进思政教育评价的全面性和客观性。通过引导学生在不同阶段进行自我评价和同伴评价,可以帮助学生从不同角度理解自己的思想发展,提升其自我认知能力。小学阶段可以鼓励学生进行简单的自我反思,通过图画、日记等方式记录自己的感受和行为变化。初中阶段可引导学生进行简短的自我评价,结合教师和同伴评价,帮助其逐步认识到社会责任与集体意识的重要性。高中阶段可引导学生进行更为深刻的自我分析，关注他们在社会实践中的表现以及对社会问题的思考。大学阶段则可以通过课程反馈、团队合作评价、社会实践报告等形式，强化学生自我反思和他人评价的结合。

7. 定期评估与调整评价体系

评价体系的有效性需要不断进行监测和反馈。可以设立跨阶段评价研究小组，定期评估各阶段思政教育评价的衔接效果，及时发现问题并调整评价标准与方法。例如，定期对学生的思想政治教育发展进行问卷调查、访谈等，收集教师和学生的反馈，确保评价体系能够随着学生发展需求和社会变化而不断完善。同时结合跨学科评价指标进行科学有效评价。

8. 加强思想政治教育课程内容的衔接

除了评价体系的衔接，思想政治教育课程内容的衔接同样至关重要。通过统一课程大纲和跨阶段教材衔接，确保不同教育阶段的思政教育内容相互呼应，逐步提升。各个阶段应当有明确的衔接内容，例如，小学阶段学习基本的社会主义核心价值观，初中阶段进行更为具体的社会问题分析，高中阶段探讨更为复杂的政治、经济问题，大学阶段则加强对国家和世界发展大局的理解与思考。

9. 建立激励机制

思想政治教育一体化评价体系和激励机制相互依存和支持。在准确公正、科学有效的评价体系基础上，通过有效的激励机制必然有助于更好地保障思想政治教育人才、相关机构水平的提升，从而促进思想政治教育一体化水平提升。激励机制针对教育主体教师和教育客体学生而有所不同。

针对教育主体教师的激励措施：

(1) 荣誉激励。定期在不同的教育时期组织表彰大会，颁发荣誉证书等，表彰在思想政治教育一体化中做出成绩的老师，增强其荣誉感和归属感。设立奖项“融合卓越奖”，用以表彰在融合思想、政治和教育方面获得成效的大中小学校教师，展示他们的变革方法和有效实践，以鼓励其他机构。设立“纵向一体化成就奖”，以表彰在衔接不同教育学段思想政治教育目标方面完善连贯的大中小学教师，用以激励其他院校推广他们的成功途径和方式。设立“教学内容一致性奖”，表彰在总体设计综合课程框架方面设计完善符合目标的大中小学教师，向其他学校展示他们的成功路径和经验。设立“创新教学方法奖”，表彰在设计和实施创新教学策略，以激励学生主动学习积极性和参与活动方面取得优异成绩的老师。设立“实践教育优秀奖”，表彰在将实践教育活动与思想政治教育教学相结合下表现优异的教师，分享他们的成功经验和模式，方便其他院校借鉴。

(2) 精神激励。对将教育阶段纵向连接较好，保证了大中小学教育的思想政治教育的连贯性和渐进性的教师在适当场合进行表扬和宣传推广，鼓励大中小学资源整合共同利用合作共享，邀请相关老师在大会上分享有关的经历、经验。对大中小学递进的教学框架及将思想政治教育贯穿于不同学科的教育工作者表示肯定，加强培养学生的判断性思维、分析能力和道德评判能力。对采用特定教学方法促使学生有能力对思想政治问题进行分析和批判的教师进行表彰，鼓励采用沉浸式学习、探索式学习和创新教学。对把实践、社区服务等实践教育项目融入到思想政治教育一体化的各位教育工作者进行表扬和宣传。

(3) 榜样激励。建立指导计划，让思想政治教育较好地与教学相结合的教师分享经验并指导同事。让模范工作者带头展示成功进行纵向教育衔接的实践，促使学生可以轻松过渡到不同的教育学段。让教育工作者展示实施不同教学方法有哪些创新和适应力，是如何满足学生的多样化学习风格和偏好的。将不同学生的有趣以及有意义的实践进行展示，鼓励他们积极参与一些思想政治教育方面的实践与挑战。

(4) 薪酬激励。对表现优秀的教师、编写教材优秀者、教学内容被评为优秀思政课的教师等给予物质奖励，如奖金、奖品等，以激发他们的积极性和创造力。给努力进行纵向一体化教育以及思想、政治、教育横向贯通的教师提高绩效、工资，同时给予表扬鼓励和推广。鼓励大中小学教师积极参与社区、企业、政府等思政实践活动，利用社会资源给予物质奖励。

(5) 晋升奖励。对表现优秀的教师提供更多的晋升机会，如晋升为学科带头人、教学名师等，提高他们的职业地位和待遇水平。为思想政治教育一体化表现优异的教师提供特定的发展机会和培训课程，以提高他们教学能力和实践技能。为积极参与各个思想政治教育论坛、合理将创新教学方法运用到现实中的教师提供快速晋升渠道。

10. 针对教育客体学生的激励措施

(1) 情感激励。情感激励就是激发大中小学学生的积极健康心理动机及努力学习的动力，这将会对他们的心理成长与品格行为起到直接的效应。教育工作者既要及时肯定鼓励学生，对其在道德观念及行为规范上的进步给予肯定，同时对学生存在的思政及学业上出现的问题给予批评，并给出建设性的修正意见。思想政治教育者不要受到“定型效应”的干扰和影响，要能够为大中小学学生的身心健康成长提出积极的意见与方向。

(2) 榜样激励。榜样是一种精神价值载体，具有丰富的思想精神价值，所以要拓展与挖掘大中小学中的榜样，这样更容易被他们认同与模仿。另外选择的榜样也要具有全面性和多元化，是真正对社会进步具有领先作用的各行各业楷模，这样的榜样能够让大中小学的学生接受和尊敬。要根据大中小不同学段学生的成长特点、心里成熟度等阶段性特征，有针对性地从社会各领域选择先进典型、使榜样的激励作用发挥得更好。

（3）目标激励。目标激励就是通过设定思政教一体化的目标来充分激发大中小学学生的生活动力与学习热情。这个目标要具有科学性、学段性和差异性，要与大中小学的学生特点一致，因为学生会自觉地将自己的人生目标与设定目标进行对照，并不断缩小与目标的差距。离目标越近时，激励效应越大，太远可能产生消极影响。教育工作者的目标激励的制定要能够激发学生的兴趣、要具有针对性和可行性。

（4）实践激励。实践激励具有重要的正面意义，大中小学学生必须在实践活动中得到满足与成就感，思政教一体化的实践活动能够激发他们的责任心与成就感。教育工作者引导学生积极参与各种社会实践活动，使其在社会实践大课堂中学得知识、增长能力、融入社会、服务人民，并最终完成思政教一体化的实践激励价值及储备积累多元的知识。

第9章 跨学科建设存在的问题及改进措施

9.1 引 言

综合前面的研究，高校跨学科知识融合、资源整合、成果共享建设还面临很多困境，整合创新还处于发展演进积极探索的过程中。随着科技的进步和新兴领域的相继出现，各行各业对跨学科知识和技能的需求日益增长，尤其是在高等教育领域，学校普遍开始重视跨学科的资源整合与教育培养，并将之融入教学教育和学术研究中。高校常设置多个学科，不同学科的研究领域和方向有所侧重。然而，这些学科之间往往呈现独立发展的分支，难以实现资源整合和绩效清算。因此，跨学科合作的出现可以帮助打破这种局面，推进学科之间的交叉和融合，从而提升研究组织协同创新的科研水平。

高校积极开展跨学科合作可以促进知识的交流和创新，打破学科壁垒，创造新的思维方式和解决问题的方法；促进不同领域的知识融合，产生更多的创新点和商业机会。同时，跨学科教学能更好地帮助学生找到自己的兴趣和天赋所在，以使人才和岗位更加适配，提升学生的行业竞争力。此外，跨学科合作可以综合培养具有国际视野和具有多文化交流能力的人才，从而能够更好地适应新时代的挑战。高校跨学科合作可以促进各学科之间的互相促进和共同发展，推动整个社会的进步和发展。

另外，高校跨学科网络平台建设的研究目前也处于积极探索阶段，作为跨学科建设的重要载体，高校知识整合和协同创新平台建设具有重要的持续研究与发展的价值。同时，随着越来越多的高校进行跨学科的平台建设及资源共享，如何评价和测度高校跨学科整合的绩效产出成了亟需解决的问题。研究者应基于资源整合的视角，探究不同高校和同一高校之间的跨学科产出的绩效评价体系与协同耦合程度，并针对测度结果给出资源整合具体模式方法，提出具体的可操作的激励机制与对策建议。

高校跨学科资源整合创新的最终落脚点是提高全要素生产率，用创新方式推动经济发展，提升生产过程和产品的科技含量，改善供给的质量和效率水平，促进创新与其他要素协调利用，促进产业发展和升级转型。没有交流和合作的创新是一座孤岛，难以成为经济发展的推进器，多个不同团队和组织的合作创新可以很好满足现实的多样化的需求，规避意外的风险，创新在当今快速发展的时代很难靠单个背景的团队来实现完成，跨学科背景的团队能够保证资源的共享和顺利流动，主体之间相互协同合作创新的力量是单主体无法比拟的，建立资源和信息互通机制，促进协同创新体制的建设，协调好各方的利益，激发各主体的创新动能是我们值得重视和研究的问题。

9.2　跨学科建设的困境

虽然目前为止国内高校的跨学科研究取得了长足的进步，但还有很多仍待解决的问题。整体而言，高校开展跨学科研究及学术活动仍然受传统院系划分下的组织和管理机制的桎梏，同时面临着高等教育领域学术标准、跨学科性界定标准等评价指标方面的挑战。科学研究组织是进行科学研究的基本单元，组织的合理性直接影响研究成果的质量。多位学者已经就跨学科研究组织管理模式及机构运行机制等方面进行了探讨，视角多集中在中外著名高校跨学科的对比及对国外跨学科建设经验的总结分析上，对国内跨学科发展的经验以及问题困境分析总结方面的研究尚且不足。因此，在多位学者的研究基础上，基于多维度的组织理论视角，探讨目前我国高校跨学科研究发展组织模式构建的策略，深入揭示高校在跨学科整合创新建设的困境与问题是实现我国跨学科高度整合，并带来持续创新发展的关键。

1. 认知偏差和制度困境

目前，高校管理体系大多采用院系进行管理。基于已有经验，高校采用已有学科分类分配资源。其中，高校把科研人员的个人编制划分至其单一学科背景所在的学院。这种传统的纵向管理模式适合管理传统单一学科研究。同时，该管理模式导致了研究人员带着单一学科“烙印”。研究人员自身的科研和教学工作范围局限在自身所在院系。科研人员较难进行跨学科研究。跨学科研究涉及多个学科的项目、人员、经费以及研究成果。因此，跨学科的管理模式有别于传统学科。然而，有些高校只是泛泛而谈跨学科建设理念，将跨学科纳入制定的学科发展规划中，并未指出发展哪些跨学科。相关的跨学科建设配套资源更是空中楼阁。也有高校可能未考虑学术资源的有限性，仅仅是为了追随热度而建立了大量的热门跨学科。但是由于铺设范围过大，有限的资金无法满足计划建设跨学科的各种需求。因此，发展规划中的跨学科难以继续发展。由于在目前管理体系下不同学科附属于不同院系，因此跨学科受到现有管理体制束缚。高校缺乏贴合跨学科发展的组织管理模式。

由于跨学科研究覆盖多门传统单一学科，因此研究项目会包含来自不同学科的老师、科研助理以及相关行政人员。较为复杂的成员结构涉及相关工作人员的聘用方式、晋升方式以及考核方式等。这些个性化定制会挑战高校已有管理模式。高校现有科研人员的绩效考核体系还是以传统学科为标准，主要参考本专业的同行评议结果进行绩效评定。高校以学科为单位对单一学科以及涉及的科研人员、行政人员进行统一管理。目前大多数的跨学科研究平台并未建立行之有效的行政管理体系。跨学科研究平台在日常运行中并没有对不同学科背景下的工作人员进行科学管理。这些都抑制了平台工作人员的工作热情，阻碍着跨学科融合向前推进。同时，高校对单一学科绩效评价的现有做法是以学科评估指标为导向，更偏向易于量化的短期成果(论文、项目等)。然而跨学科成果短期内无法产生,需要较长的周期。跨学科在前期可能无法通过绩效考核,这制约了其相关研究的继续开展。

2. 学科建设重视不足

目前,我国高校已经意识到发展跨学科的重要性。各高校都将跨学科视为重要的战略选择,已有部分高校将部分具有交叉属性的学科纳入了“双一流”学科建设名单内。然而,在具体实施过程中,跨学科建设并没有得到预想中的结果。跨学科建设还没有显著的、实质性的结果产出。2022 年教育部启动布局建设 16 个国家级学科交叉中心。2023 年教育部等五部门发布《普通高等教育学科专业设置调整优化改革方案》,新增适应新技术/新产业的交叉学科专业,鼓励高校结合自身特色规划学科交叉。2024 年国务院学位委员会发布《交叉学科设置与管理办法(试行)》。尽管国家出台了相关文件,但目前高校跨学科建设仍陷入一定程度的困境中。主要表现为几个方面:

(1) 政策制定与规划方面

① 缺乏顶层设计。尚未形成以国家重大需求和前沿问题为牵引的建设意见和协调联动机制。对交叉学科的内涵外延、演变规律、建设机制等缺乏统一认识,导致各学科和领域之间交叉的跨度、深度、融合度不够,交叉学科的研究范式模糊、建设方向不明,缺乏应有的国家级平台。

② 政策重视程度不够。在“双一流”建设的政策体系中,对交叉学科建设的重视程度不足,相关政策内容较少且效力有限。如 2015 年国务院印发的《统筹推进世界一流大学和一流学科建设总体方案》中没有与学科交叉或交叉学科相关的内容,后续的一些文件虽提及了相关内容,但多为指导意见,政策属性决定了其不具有较强的政策效力。

(2) 政策执行与资源分配方面

① 传统学科管理模式的限制。高校现有的组织制度是基于传统科研模式生成的,对学术人员的科研成果认定、绩效考核、科研激励、职称评定等均是以其所在学科为基准,这种制度体系服务于单一学科科研组织,对交叉学科研究形成框限,导致交叉学科在科研经费、招生名额等学术资源获取上处于劣势地位。

② 学科资助政策不完善。国家自然科学基金虽然成立了交叉科学部,但具体实践成效还不显著,所涉及的项目类型较少,且国家社科基金至今未涉及交叉学科门类的设置。此外,持续性资助机制不够完善,很多交叉学科研究成果难以在高影响力的学术期刊上发表,新建期刊又往往因未被知名数据库索引或影响因子不高而得不到学术界认可,这些都影响了高校交叉学科建设。

(3) 文化与认知方面

① 对跨学科建设重要性认识不足。一些高校和科研人员对跨学科建设的意义

和价值认识不清，存在“重学科、轻交叉”的观念，认为交叉学科研究是“走捷径”“不务正业”，从而影响了跨学科建设的推进。

② 学科本位观念的束缚。长期以来形成的学科本位观念使得各学科之间相互独立、封闭，缺乏合作与交流的意识和氛围。这种观念上的障碍导致了学科之间的壁垒难以打破，阻碍了跨学科建设的深入开展。

（4）学科设置与管理方面

① 学科设置的局限性。国务院学位委员会、教育部在 2020 年底正式增设交叉学科，旨在推动学科交叉融合和复合型创新人才培养。高校可以根据自身优势和研究方向，在这个一级学科下自主设置二级学科或交叉学科方向。但交叉学科范式不成熟，多处于“前范式阶段”，尚未形成独特的研究方法等独立的学术规训。同时，因为交叉学科的范畴界定不清、社会认可度较低，部分单位招聘时对交叉学科毕业生的专业能力存疑，认为其“博而不精”，这也影响了学科独立地位的确立，使得高校在设立相关二级学科的时候更加谨慎。

② 学科管理的僵化。高校的学科管理模式较为僵化，缺乏灵活性和创新性，难以适应跨学科建设的需要。例如，在学科组织设置、课程体系建设、师资队伍建设等方面，往往沿用传统的模式，难以满足跨学科人才培养和科研创新的需求。

3. 学术壁垒严重

交叉学科虽然已被设置为一级学科，但其学科发展仍处于“前范式阶段”，常因无法完全纳入传统学科范式而被质疑学术严谨性。学术壁垒导致部分高校将交叉学科等同于多门课程机械叠加，而非重构知识逻辑；而跨学科研究通常以某一学科为主、另一学科为辅的形式进行，而非真正进行跨学科知识整合。这种“拼盘化”的现象源于对“交叉学科”或“跨学科”本质的误解，其核心应是思想方法的整合，而非各个单一学科内容的简单拼贴，而这种僵化的知识整合方式决定其难以进行深度融合。

同一学科内往往存在不同流派，这些流派中科学家意见又常会不同。因此，科研人员很难做到真正意义上共同探寻研究兴趣点。一起深入研究某一问题的执行力不强。科研人员习惯于在自己的学术圈里进行研究。敢于跳出自身舒适圈进行跨学科研究的科研人员较少。由于当前我国高等教育基本上为单一学科培养模式，在此环境下成长起来的研究人员大多只关注自身学科发展动向，对于其他学科研究新动态不甚了解。因此，不同学科背景出身的研究人员存在交流困难的情况。跨学科发展需要学科带头人指引学科发展方向。同时，高校目前进行的跨学科研究存在缺少学科带头人引领方向的情况。原因在于跨学科带头人要全面了解不同学科发展动向，能够承担起跨学科发展重任。如果有学科带头人为跨学科选择正确的发展方向，跨学科发展将会事半功倍。

由于不同领域的学科之间并不会自发地进行交流碰撞。因此需要高校制定相应的政策机制来引导不同学科进行交叉融合。然而目前我国还有很多高校没有制定鼓励跨学科融合的鼓励措施。许多在高校从事跨学科研究的研究人员失去了科研的热情。更为糟糕的是，有些高校领导层只是跟随潮流成立“跨学科中心”，但是对于发展跨学科的政策措施以及配套设施落实不到位。从事交叉研究的科研人员很难得到政策支持，跨学科包含的新思想贯彻落实到高校的难度较大。

发展多年的传统学科壁垒森严可能会对跨学科融合起到负向作用。如果高校不能为交叉学科提供宽松的发展环境以及合适的制度保障，跨学科相关科研活动不仅没有获取有力支持，还会受各种制约。这不仅会严重阻碍发展跨学科发展，而且会阻碍跨学科所关联到的传统学科的发展。

4. 相应资助体系不完善

目前，我国高校对于学科经费的处理办法通常是以学科体系划分，按照学科重要程度投入不同金额的研究经费，而研究经费的多少影响着实验设备的购买数量。跨学科融合具有较大的不确定性，融合失败风险较高。跨学科融合是一个长期过程。并且学校一般重点发展自身的强势学科，并不会向跨学科投入过多资金。高校建立跨学科平台会在平台启动时投入相应的启动经费。并且配套经费会持续资助 1～3 年左右。在资助期结束后，通常，高校不会继续对跨学科投入大量的经费。此时跨学科可能会缺少相应的经费以进行更好的发展。虽然资助期后跨学科研究人员还能向国家和地方申请项目资助跨学科的研究以解决燃眉之急，但当研究人员申请项目成功后，所获取的项目经费会按照惯例分配到其所在的院系进行管理。不同学科的研究人员获取的经费容易分散在单一学科，跨学科融合平台难以将这些经费集中起来。

跨学科融合的仪器设备等资源共享也常常不足。当前国内各个高校的仪器设备管理方式大致分为两类：一是研究人员隶属的科研课题组或教学研究室使用公用的经费购买所需设备。课题组或者教研室采购完设备后就可进行使用并进行后续管理。但是这些不同课题组或教研室所购买的实验设备一般只适用于本专业的专用设备，不太能应用于其他学科，缺乏共享功能。二是学校建设分析测试公共平台，主要采购理化分析、波谱分析等设备。虽然这些设备使用范围广泛，但是这些设备一般用于学科的基础分析研究，不太适合用于跨学科研究的核心工作。跨学科研究涉及不同传统学科，若额外购买与跨学科研究相关的专业研究的所有设备需要耗费大量金钱，而且容易造成公共资源浪费。已经成立的跨学科研究平台还没有形成仪器设备共享机制。仍然按照原有的方式购买大量仪器进行使用，不仅会浪费公共资源，还会降低跨学科研究效率。

5. 评价体系不完善

(1) 缺乏适配的评价体系

现有的学科评估机制主要侧重于学术性，对跨学科研究成果的评价缺乏科学合理的标准和方法，难以准确衡量其价值和贡献，这使得从事跨学科研究的人员在职称评定、科研奖励等方面面临诸多困难，影响了他们的积极性和创造性。

跨学科比传统单一学科更能呈现出正反两面性。跨学科的正面性特征在于挑战科学前沿问题。其负面性在于其可看成走捷径和不务正业。无论从正面看还是从反面看，从事跨学科研究的失败率都较高。虽然在当前学术环境下跨学科肩负扩展已有研究领域至新的研究方向、新的研究范式的重任，但是目前高校并没有制定出适合跨学科的成果评价体系。跨学科融合最终目标是产出可行的科学成果（论文、专利等），但有些高校仍然采用传统学科成果评价标准评定跨学科成果。跨学科研究存在以下困境：关于跨学科的学术期刊较少，已经存在的相关期刊影响因子较低。对于某一跨学科，研究同行较少不好对研究成果进行评判。与跨学科相关的研究项目数量少。这些不公正待遇往往会扑灭跨学科研究人员的热情，进而阻碍跨学科的进展。这些科研成果署名时需要对完成人以及其所在单位进行排序，但是现有成果评价体系只对第一作者以及署名为第一单位的科研成果予以认可。

(2) 关于跨学科的激励机制还不健全

高校和科研机构对交叉学科研究的激励措施不足，缺乏针对交叉学科研究的专项奖励和荣誉称号，导致科研人员在从事交叉学科研究时缺乏动力和成就感。跨学科不是单个科研人员能够独立完成的，需要来自不同学科背景，不同工作单位的科研人员共同协作完成。如果大家共同努力获取的科研成果只认第一作者以及第一单位，会大大打击所有参与研究科研人员的热情与积极性。可能会使科研人员会不太愿意再次进行跨学科研究。这会影响跨学科研究工作进度以及成果产出。

6. 跨学科意识不足

目前，在全球社会经济和工业技术都在高速发展的大环境下，科学家为了解决复杂的科学问题，孕育了人工智能等一大批交叉学科。这些交叉学科的良好发展离不开多门传统单一学科的协同发展，而现在传统学科的设置较为单一，难以满足跨学科融合需求，不利于跨学科融合的发展以及持续创新。

虽然国家自然科学基金设置了交叉学部，但目前资助项目类型较少，主要是一些重大重点类及人才类项目，资助项目总量占比很少，获批难度高，普通科研人员难以申报获批。另外，交叉融合成果不容易找到合适的同行专家进行评价。这就使得交叉研究人员申报的项目立项困难。研究人员没有足够的资金支持则不利于继续开展跨学科研究。高校不重视跨学科类别的跨学科建设。高校在着手建设跨学科方面过于限制学科的广度。高校不敢尝试在跨度较大的学科之间进行跨学科融合，只敢在跨度较小的学科之间进行跨学科融合。目前，“双一流”建设高校的跨学科规划主要集中在自然学科领域。关于人文学科、社会学科以及自然学科之间的交叉较少，这不顺应当代科学的发展潮流，同时高校有些忽视了扶持传统单一学科发展。事实上，高校在设置跨学科时就应该硬性要求学科负责人在原有学科领域已具有较高的学术造诣以及在学术圈内有较高的影响力。如果高校不考虑自身传统单一学科的发展基础而只是随波逐流建立跨学科，这些新建立的跨学科容易中途废止，难以持续发展。

当前，我国高校大多以学校—院系—学科方式管理学科科研情况，并以单一学科作为管理单位来管理科研人员的日常科研工作，这种管理方式极易禁锢科研人员的研究视野，导致其只在自身学科内进行研究。科研人员研究视野长时间局限在自身所在的单一学科，对于其他学科的关注度会随着时间慢慢降低。跨学科融合就是要在原有学科基础上与其他学科融会贯通，产生新的研究领域。若研究人员不主动打破不同学科之间的学术壁垒，今后将难以持续有效地进行相关学术研究。

9.3 跨学科建设的激励机制

跨学科的建设与发展应基于完善的评价体系，而评价体系构建有赖于科学有效的激励机制。跨学科整合需要科研团队合作才能完成。科研团队作为现代科学技术研究的重要组织形式，加强科研团队管理是提升科技创新能力、取得重大研究成果的重要手段。科研团队普遍具有异质性，易存在团队管理沟通、协调与知识整合等方面的挑战。另外跨学科建设还存在学术创新的工作属性、行政权力弱化、专职管理人员方面缺乏等问题。通过优化团队管理，充分发挥科研团队合作效能，抑制团队矛盾、利益冲突等因素造成的负面影响是亟待解决的问题。

科研团队激励是科研团队发挥作用的关键，是激励科研人才、促进跨学科知识整合和协同创新效率的保证。科研工作的有效开展是依托科研创新团队来进行的，建立完善的激励机制，对激发广大科研人员的积极性，发挥科研潜力，提升高校科研实力和推动创新型国家战略目标的实现具有重要作用。

通过对高校创新型科研团队的组织及其对绩效作用机理的研究，探索高校创新型科研团队组织和发展的规律，分析其对绩效的作用机理，从而进一步引领和指导实践，促进其科学运营和健康发展，提升科研团队的绩效和竞争力的提升，实现科研人员、高校、社会经济的协调发展，提升国家自主创新能力，无疑具有重要的实际意义和价值。

当今社会，科研团队成为人才培养和科研创新的最重要载体。科研团队具有“1＋1＞2”的团队效应提高了科技创新的效率、提升了组织的竞争实力，但团队效应的发挥需要相应的制度保证，而激励机制有助于激发团队成员提供更多的产出绩效。整合创新已经占据越来越重要的地位，而且随着科技的发展，科研团队的研究方式已经逐渐取代单人做科研的形式。跨学科科研团队成员个体的跨学科特征对创新绩效会产生重要影响，会给创新带来更多可能性，而高校作为知识创新源头，高校的科研团队的重要性不言而喻，其次高校跨学科科研团队的创新成果也非常重要。而高校跨学科科研团队的创新成果受其绩效评价体系和激励机制的直接影响，因此研究高校跨学科科研团队知识整合与协同创新的绩效评价和激励机制就非常必要。科学可行的绩效评价体系可以很好地引导和调整科研团队的研究方向、计划，优化资源的合理分配，提高科研效益与水平。另外，对激励机制的研究也有重大意义，对激励机制的研究不仅能探索创新团队激励机制的影响因素，而且能调动创新团队的积极性，促进创新团队的建设发展。

整合创新需要原动力、动力机制，高校跨学科科研团队协同创新的积极性需要充分激发。高校科研团队的绩效与成果，除了跟高校的评价体系有很大关系，也与激励政策也有很大的关系。为提高高校跨学科科研团队协同创新的绩效与成果水平，除了需要改变现有的绩效评估指标体系，还需要进一步完善激励机制，要让激励机制真正发挥作用。美、法、德三国均属世界科技强国，高校协同创新是成就其科技强国的重要因素。美国“硅谷”是高校整合创新最典型的成功案例，它是以斯坦福大学、加州大学伯克利分校等知名大学为依托，以周边高技术公司群为基础发展起来的；法国的基础研究在世界上始终处于领先地位，科研总体水平全世界排名第五，这些成就的取得离不开法国政府自 20 世纪 30 年代末就开始推行的高校与研究机构协同创新这一方针政策加持；德国比其他国家更快地走出 2008 年全球金融危机，也是得益于德国高校与企业的协同创新。根据德国联邦政府统计局发布的统计报告显示：德国经济于 2010 年开始强劲复苏，国内生产总值增长率达 3.6%，是两德统一以来增长速度最快的一年，并率先在资本主义国家中走出危机。而这些国家协同创新的成功，主要是在制度、经费和组织三方面采取了很多激励措施。

要研究高校跨学科科研团队知识整合与协同创新的激励机制，就要先分析影响高校跨学科科研团队知识整合与协同创新绩效的因素。本书前面内容中所建立的评价体系中包含的各级指标，都是高校跨学科科研团队知识整合与协同创新绩效的影响因素。将各级指标进一步分类，可以分为影响高校科研团队知识整合与协同创新的外部因素和内部因素。其中内部因素包括科研团队领导以及成员、团队的文化氛围；外部因素主要为高校协同创新相关政策以及环境，主要包括政府政策支持、学校政策支持。可以从这两方面进行激励机制的研究。

1. 有关科研团队内部的激励机制

内部因素包括科研团队领导以及成员、团队的文化氛围。关于科研团队领导者和团队成员最直接的激励就是提高绩效奖金，除此之外可以“差别化”奖励，根据每个团队成员贡献大小和成员本身的不同情况给予不同奖励。关于团队氛围相关的激励，科研团队可定期举行小型的团建活动，在完成一个大的科研项目后可举行大的团建活动，例如集体旅游的形式。

2. 有关科研团队外部的激励机制

这方面主要包括政府支持政策和学校支持政策。政府的政策支持主要表现在经费支持、人才引进、平台建设等这几个方面。经济基础决定上层建筑，经费支持对高校跨学科科研团队的科研工作作用重大。人才引进支持政策可以给高校跨学科的科研团队注入新鲜血液，更有利于科研团队研发。平台建设是高校跨学科科研团队进行科研活动的前提，政府应该给予科研团队发挥自身价值的平台与机会。学校的支持政策主要包括学校的经费支持、学校对科研团队研发的晋升机制以及建立的实验室设备。学校对科研团队研发经费支持也决定着科研团队成员的积极性，晋升机制也能决定科研团队成员的努力程度，保持公平的评价体系和合理科学公平的晋升机制能很好调动科研团队成员积极性。良好的科研环境也会影响科研团队成员的积极性，因此实验室数量和实验室设备环境很重要，学校应该注重实验室基础设施建设。综上所述，可以进一步概括总结、得出相应的激励措施与建议。

3. 建立健全系统完善的多方位多层次的激励机制

(1) 健全完善高校跨学科科研团队的绩效评价体系

科学合理的绩效评价体系可以很好地引导和调整科研团队的研究方向、计划，优化资源的合理分配，提高科研效益与水平，更能激发科研团队的创新热情，从而推进科研成果质量的不断提升，因此需要健全和完善高校跨学科科研团队的绩效评价体系。可根据团队性质以及科研项目不同建立不同的评价体系，采用分类的绩效评价体系。

(2) 提高科研经费，但也要合理拨款

为了科研成果，政府必须给足高校跨学科科研团队经费支持，但政府也应该合理拨款，根据项目需要提供充足且合理的经费支持。因此政府可以制定合理的科研项目经费拨付机制，在不耽误科研进度的情况下合理科学拨费，保证科研活动进度。

(3) 加大科研团队的激励力度

提高对科研成果做出贡献科研团队以及成员的激励费用，制定公平合理的个人绩效评价体系，针对个人绩效对团队成员给予薪酬奖励和晋升机会。

(4) 建立严格的科研绩效管理机制和监督检查机制

要加强绩效评价和监督机制，建立科学合理有差异的绩效评价体系，对不同类型的科研项目科研建立不同的绩效评价体系。强化对绩效评价的监管力度，加强对科研项目经费监督检查，有奖有罚，制定科学合理的奖惩制度。

9.4 跨学科建设建议

跨学科产生的是学科互联现象都能在第三次科技革命和第四次工业革命中展现。跨学科已经成为了促进科技重大发展的重要手段和方法。高校需要构建一个有利于跨学科研究的环境并设计行之有效的体制机制。跨学科建设应明确跨学科整合创新的真正含义。

从本质上来说，跨学科整合创新不是简单的学科叠加或拼凑，而是深度融合。它是基于对不同学科的特有视角、研究方法、理论体系以及知识内容的深入理解等方

面，寻找它们在某些问题探究、现象阐释或者创新实践中的内在关联与契合点，使得分散于不同学科内的知识要素实现相互协作、相互补充，构建更为全面、深入、立体且动态的知识网络，以解决单一学科难以攻克的复杂问题，产出原始创新成果。

跨学科整合创新具有重要的价值和意义。在学术研究领域，它能够为解决重大科学问题提供新的思路和方法，推动学科的交叉融合和创新发展，催生新兴学科和研究领域。在教育领域，有助于培养具有综合素养和创新能力的复合型人才，使学生能够打破学科思维定式，学会从多角度思考和解决问题。在社会发展层面，能够为应对资源短缺、环境污染、公共卫生等全球性挑战提供科学的解决方案，促进社会的可持续发展。

跨学科知识整合的核心价值在于打破学科之间壁垒，使得知识在不同领域之间交互整合，激发创新思路。跨学科研究者可以跳出原单一学科的范畴，不局限于本学科的思维定式和研究边界，以多元包容的时间重新思考问题，以应对当今社会复杂多变的挑战，如新兴技术伦理问题、全球气候变化应对等全球性问题更急需跨学科的研究方法，以提供创新性的知识支撑与解决方案。

跨学科研究对于人类科研创新的价值显而易见。但是人类在学科制度化背景下开展跨学科研究依然面临很多困难。虽然学科制度化促使已有学术机构更加专业化、系统化和碎片化。但是学术管理的学科化压制了不同学科之间的自由融合。Anthony Smith 指出，当前学科专业化贯彻的彻底程度导致在同一学院不同系工作的同事也不能毫无顾虑地讨论相关学术问题。从现实层面来看，高校仍然以科系管理为主，科系保持着强大的威力。不同学科之间仍然存在着坚固的壁垒。受制于这些已有学术组织形式、管理体制以及运行机制，高校开展跨学科研究受到了层层阻力。高校日常中有效的跨学科研究较少。因此跨学科研究要有依附于良好的运行机制，同时跨学科研究跨越多个不同领域更需要高校决策者具有创造性的开放思维，制定有利于跨学科研究的体制机制，推动跨学科研究向前发展。该问题是影响高校双一流建设成果的关键性问题。

1. 强化政策引导 提高支持投入

经过跨学科研究的方法论探索，和不同学科的知识整合和协同创新，逐渐形成成熟的跨学科领域，最终形成建制化的交叉学科。交叉学科是跨学科整合创新淬炼的产物，对交叉学科建设的改进能推进和推动跨学科建设。目前，我国双一流建设高校大多拥有一门或几门国内范围内发展较好的学科。这些高校可以依托这些优势学科进行跨学科建设，可以通过交叉学科的不断发展反哺优势学科。跨学科和优势学科互相提升会形成一个正向循环。从而能够更好地完成学校的双一流建设。高校在进行双一流建设时可以秉持以双一流为目标，以学科为基础，以绩效为杠杆，以改革为动力的发展原则。高校还应在建设过程中将优先进行学科建设，而后进行大学建设。但实际上高校存在将发展重心放在建设传统学科并将跨学科归类于传统学科的情形。这种状况容易导致人们忽视了交叉学科建设对于高校整体建设的重要贡献。同时,高校在营造跨学科环境、鼓励跨学科研究以及交叉学科建设等方面也面临着较大的困难。因此,高校在进行"双一流"建设中,政府需要加强政策引导,鼓励基础不错的高校加强日常的组织创新和制度创新,促进高校的跨学科建设。政府可以采取以下政策措施:

(1) 政府出台专门的政策,重申跨学科建设的重要意义。政府可以拟定跨学科相关指导意见或者建设实施方案,为高校跨学科建设的顺利进行提供相应的政策保障和行动指南。

(2) 政府可以专门拟定跨学科建设名单,鼓励上榜高校进行跨学科建设。目前政府部门在拟定双一流建设名单时需要提前对所有高校参选学科进行评估。确立后再以自上而下的方式对建设的学科进行推进。由于各个高校发展水平参差不齐,相关政府主管部门可在参考国家战略需求下拟定最终的跨学科建设名单。最后政府主管部门再结合高校的发展情况拟定各个高校的跨学科建设名单。

(3) 政府可将跨学科建设纳入"双一流"建设成效考核办法。政府相关部门具体可以从高校的氛围营造,研究开展以及学科建设等层次逐步开展考核。政府相关部门在对高校考核过程中,不要只盯着跨学科产出成果,可以同时关注高校对于跨学科的组织变革与制度创新情况等。

(4) 政府可为高校划分跨学科建设专项资金。专项资金不仅可以助力高校在双一流建设过程中建设跨学科购买相应的学术资源。同时专项资金也可用于高校在双一流建设过程中对跨学科的人才模式、组织变革以及制度的创新。

政府应加大对跨学科知识整合与共享的政策支持力度,制定针对跨学科研究和教育的专项政策,明确支持方向和重点。同时,加强政策的执行力度,确保各项政策措施落到实处。此外,建议设立跨学科研究和教育的评估体系,对高校的跨学科工作进行定期评估和考核,促进高校不断提升跨学科知识整合与共享的水平。

2. 加强案例研究 深化实践探索

对高校自身而言,积极推动跨学科建设可以激发知识创新活力、提升传统学科的辐射力与适应性、更有效地对接国家战略与社会重大需求。但不同于体系成熟的传统单一学科,跨学科活动与建设通常呈现更强的探索性与动态性。理论上,跨学科可以实现不同学科的知识与方法在特定问题或前沿领域的驱动下整合协同,产出创新性的成果。然而在实践中,高校面临资源有限性与学科基础差异性等情况,导致不可能同步开展大量学科的跨学科研究。因此,高校必须进行战略性选择,基于对自身学科优势、发展潜力、现有资源以及国家社会重大需求的评估等,决定优先发展的跨学科方向及其资源配置额度。高校通过主动布局跨学科活动,可以在前沿领域进行先期探索,逐步积累理论、知识体系、人才培养模式等方面的基础,并验证其社会价值。这要求高校在建设过程中经过不断实践、持续反思和总结经验,最终总结出与高校情况高度契合的跨学科推进模式。案例研究可以弥补理论与实践的鸿沟、减少试错成本。因而加强案例研究并结合自身实践探索，具有重要的实际意义。

目前，我国许多研究型大学已深刻认识到跨学科建设的战略意义，并采取建设措施。如紧密追踪全球科技前沿与国家重大战略需求，设立聚焦特定复杂问题或新兴领域的跨学科研究中心或研究院。例如，清华大学成立了未来实验室、脑与认知科学研究院、智能网联汽车与交通研究中心、大数据研究中心等；北京大学设立了前沿交叉学科研究院，下辖生物医学跨学科研究中心、生命科学联合中心、环境与健康研究中心等机构。这些机构通过制度化的跨学科深度合作，一方面在微观层面追求基础科学原理的原创性突破，另一方面在宏观层面致力于解决国家层面的战略性、综合性难题。加强这些典型案例的研究可系统揭示跨学科整合的内在逻辑、实施路径与创新效能，提升高校跨整体建设水平，服务国家创新驱动发展战略，为应对全球复杂性挑战提供方法论支撑。

(1) 高校应提前做好战略规划，不能对跨学科建设盲目乐观。跨学科建设不是一个简单的工程。高校在进行跨学科建设时不仅要营造出跨学科氛围，还须要对建立新的跨学科并开展相应研究。虽然存在“优秀的成果存在于不同在两个不同跨学科的地方”的说法，但是优秀成果的产生大多来自失败风险较大的研究。这就考验项目规划人员、组织人员以及研究人员对待项目的决心，同时也考验他们的风险意识以及解决困难的耐心。因此，高校做好发展跨学科决定后就必须提前做好相应的长远规划，尤其是当高校想攻克重大跨学科项目时，高校要提前对自身发展水平、办学目标、发展特色以及国家社会需要等进行充分论证，同时科学规划各个阶段的发展目标。高校在找准发展方向并拟定好发展目标后，需要对建设的跨学科保持战略定力以及做好投入资源准备。

(2) 为了提升跨学科教育水平，建议在高校中设立跨学科教育中心，统筹协调跨学科课程的设置和师资力量的配置。同时，鼓励高校开设跨学科专业和课程，培养学生的跨学科思维和能力。此外，可以通过校企合作、国际合作等方式，丰富跨学科教育的内容和形式，提高教育质量。

(3) 高校应该对组织机制进行创新，为跨学科的建设提供相应的组织保障。跨学科脱胎于传统单一学科，但是这并不意味着跨学科就是对传统学科亦步亦趋。跨学科也需要属于自己的发展空间。高校不仅要设立实体化跨学科组织，还需要改革人事管理机制体制。前者能够为显性的跨学科做好组织准备。后者能够为跨学科相关人员建立“矩阵式”组织，并为隐性的跨学科搭建组织空间。创新的人事管理机制能够更好地为跨学科建立“虚拟组织”和“自组织”等。

(4) 为了促进高校间的跨学科合作，建议建立高校合作联盟，推动校际的合作研究项目。同时，设立跨学科研究基金，鼓励高校开展跨学科研究，并对优秀的跨学科研究成果进行奖励。此外，可以组织跨学科学术会议和研讨会，促进高校间的学术交流和合作。

3. 健全政策体系 促进资源整合

（1）克服学科壁垒与促进资源整合。高校在学科专业设置上长期存在过于细化的问题，导致资源分散，学科间沟通不畅，形成了学科间的隔阂，限制了协同创新的进一步发展。在科技日益融合、社会经济问题日趋复杂的背景下，打破学科壁垒、推动跨学科整合已成为高校教育改革的必由之路。高校需要从制度和机制上着手，消除学科间的障碍，调整学科专业结构，建立跨学科研究平台，采用混合编组的学科组织模式，促进不同学科在科研、教学和人才培养等方面的深度融合。同时，高校还应改进资源配置，创新资源共享机制，实现人才、设备、资金和信息等方面的统筹管理和共享，提高资源利用效率，以形成协同创新的集中效应和规模效应。

外部环境的不完善或者政策的掣肘都会给跨学科的建设带来很多的隐形障碍。这些隐形障碍会影响到学科设置、学科评估、科研资助、期刊建设等多个方面。高校应重点关注这些领域中是否有不利于跨学科建设政策。高校可以进一步完善存在问题的政策，不仅能为跨学科的建设保驾护航，而且能持续不断地激发跨学科建设活力。

（2）高校科研发布如《跨学科发展行动计划》等规定，明确跨学科机构占比目标，配套学科动态调整机制，淘汰滞后领域，倾斜新兴方向。通过政策体系的“规划—执行—反馈”闭环，系统破解学科壁垒、资源碎片化、评价失准等问题。在组织架构层面，高校可以对传统的、基于单一学科的院系结构进行重组或补充，积极创建专门的跨学科研究院、实验室等机构。这不仅能有效提升组织的综合应对复杂问题能力，更能为跨学科研究提供至关重要的组织载体和协作平台。虽然跨学科研究本身强调突破学科界限的灵活性，但其持续深入发展和规模化产出往往需要一定程度、适配其特点的建制化支撑。通过营造能够破除专业壁垒和促进人才自由探索的科研环境以及配套的经费支持等，能够有效推动跨学科发展。

（3）高校应该完善现有评价制度，为跨学科的建设营造氛围。高校应该摒弃唯项目、唯论文的思想，对单一学科评价制度进行改革。高校可以在现有评价体系的基础上为跨学科建立一个以学术成果质量以及科研人员对学科项目贡献程度为导向的评价体系。高校在对跨学科进行评价时还需要同时满足跨学科的科研合作性以及多学科性，为跨学科的后续开展营造开放、多元、宽松的氛围。在科学有效的评价体系基础上进行资源分配，更好地调动跨学科研究人员积极性。

（4）高校应该秉持宽进严出的指导方针。当跨学科建设年限超过了计划期限时，应该对跨学科展开评估来判断该学科是否有继续留在学科目录的必要。高校在学科评估上，可以重点关注跨学科研究团队的合作情况和团队成员的自我奉献精神。高校在评估时不要只关注一级学科，也可尝试评估一级学科下的二级学科。项目资金投入越多跨学科越有可能出成果。高校进行学科评估时应该淡化跨学科的项目背景。对于一些国家重点建设计划应该单独制定评选方案。对于跨学科融合重点项目，高校要鼓励研究团队持续研究，并建立好配套资助体系以及学科融合发展机制。目前，我国关于跨学科的期刊较少，高校可以尝试创办关于跨学科或者新兴学科的期刊。同时，高校应该发展跨学科理论研究，总结经验，探索跨学科发展规律。高校可以采取发展报告的形式定期公布跨学科建设进程。报告可供其他学校参考。

4. 完善平台建设 优化资源配置

为了促进协同创新，需要构建和完善利益协调机制。可以通过建立协同创新理事会或管理委员会来明确各方的责任、权力和利益，建立一个决策共享、过程共管、成果共享的运作模式，以保护各方的合法权益。同时，要创新合作模式，根据各方的资源特点和目标需求，采取灵活多样的合作方式，实现优势互补和资源共享，推动协同创新实现多方共赢。高校应该优化资源配置，为跨学科研究的相关绩效考核、团队成员绩效评定等扫除相关阻碍。高校可以提供学术管理上的制度性便利，帮助科研人员冲破思想压力并激发学术创造力。世界各国的惯用做法是以研究领域而不是以学科来配置资源。例如，美国在 2005 年就开始重点支持空间探索、物质科学工程、纳米技术、网络和信息技术等领域。美国在这些领域持续探索的目的不仅在于为已有科学难题提供解决方案，而且将这些领域的发展成为科学前沿领域并能够引领未来科学发展方向。

为了实现资源的高效共享，建议建立统一的高校资源共享平台，允许各学科之间共享科研数据、实验结果和软件工具等资源，推动资源的整合和共享，实现科研设备、数据资源等的共享和互通。创建跨学科的在线知识库，汇集各学科的最新成果和研究进展，为学者提供信息支持，促进跨学科的知识交流。同时，增加对跨学科研究的资金投入，设立专项研究基金，支持跨学科研究项目的发展。此外，可以通过政府引导和企业参与，建立多元化的资源支持体系，为跨学科研究提供充足的资源保障。

跨学科知识整合需要借鉴国际先进经验，建议加强与国际知名高校和科研机构的合作与交流。鼓励不同学科的学者、研究人员通过学术会议、研讨会和论坛等形式进行定期交流，增进理解和合作。同时，可以邀请国际知名学者讲学，开设跨学科讲座和课程，丰富学生的跨学科知识和视野。

应完善利益分配机制，围绕人才培养、成果转化、知识产权等关键环节，制定公平合理的利益分配方案和激励政策，以激发各方参与协同创新的热情和创造力。同时，加强过程管理与绩效评估，建立协同创新的动态监控和综合评价体系，及时识别和解决合作中出现的问题和矛盾，不断优化协同创新的实施策略和保障措施，确保协同创新的质量和效率，使其持续稳定发展。

高校在对跨学科进行学术评价时要与传统学科相区别。高校对跨学科的评价方法要多考虑跨学科研究人员的背景多样性以及各个学科在整体研究中的参与度及创新程度等。高校可以采用院系和交叉研究机构双聘的方式处理跨学科研究人员的职称评定问题，为研究人员的职业道路发展开辟新路径。

5. 锁定发展目标 拓展建设领域

坚持开辟新的研究领域，是跨学科不断发展的重要实现路径。因此开辟新的研究领域有助于为建设世界一流学科开辟新的发展方向。跨学科研究机构可以组建多元跨学科研究团队，深耕于跨学科已经形成的研究领域，重点攻关前人从未涉及的全新领域，探索新的发展方向，为跨学科融合更加广泛的融合发展态势。这也是高校建设跨学科的有效选择。高校可以采取以下措施：

首先，高校可以将创新性的科学研究问题作为今后开展研究的目标，并以目标为导向布局未来跨学科研究领域。高校在实践过程中可以遵循以下三个原则。① 重点关注能够在未来占据知识与技术发展制高点的研究领域方向，并占据学科发展先发优势。② 重点关注当前国家相对薄弱且亟需打破欧美国家技术壁垒的学科领域，助力我国的未来科技发展。③ 立足本校优势学科群，发挥已有优势，探索适合自身的跨学科领域，在计划建设的跨学科上实现重点突破。鼓励传统学科背景下的教师遵循自身研究兴趣进行有价值的跨学科研究，为传统学科的发展注入新的发展活力。

其次，高校应该依托跨学科前沿领域组建专业研究团队。广义上团队的定义是个体为了实现某一共同目标组成的相互协作的正式群体。而高校组建的跨学科研究团队可以看作是教师为了攻克某一共同学科问题而组建的学术组织。研究团队为解决复杂科学问题并持续创新提供人员保障。但是以往高校的惯用做法是教学团队兼顾科研。学院教师教学和科研两不误。传统研究团队大多依托已有科系组建。

然而，在世界一流大学工作的老师从事的教学工作与研究工作内容可能分属不同学科。由此可以看出，高校的教学团队和研究团队并不一致。上述现象在跨学科领域更为常见。因此，“双一流”高校进行“学科专业一体化建设”举措有些许不妥。高校应该基于研究领域的需求组建合适的研究团队。对于那些研究领域相对固定的专业研究团队，高校应该改变其非建制化状态，从组织上给予保障。同时高校需要有组织地开展科研攻关。例如美国的麻省理工学院媒体实验室就选择了当前若干前沿研究领域，组建了合成神经生物学、数字化技术、分子计算机等科研团队。这些团队开发了不少划时代技术，也将相关学科向前推进一大步。

6. 改进教学模式 促进交叉整合

学科知识整合模式是指通过特定的方式将不同学科的知识点有机地融合起来，构建出独特的学科组合，以促进跨学科教学的开展。这种整合模式可以根据特定的教学目标和主题进行设计，通常需要结合两个或多个学科的知识点。

1）交叉式整合模式

交叉式整合模式是一种跨学科教学策略，其中各个学科聚焦于同一主题，依据各自的特点和视角来探讨相关问题。这种模式通过多学科的视角为问题提供多角度的思考路径和多样化的解决方案。交叉式整合模式能够将不同学科的知识点相互关联及融合，构建起更为宽广的知识框架。在两个或多个学科之间存在互补、相互依赖的关系、交叉的概念或者独立而平行的知识体系的情况下，利用交叉式整合模式可以帮助学生深入理解各个学科的知识，进而更全面地掌握和应用所学内容，实现综合性的学习成果。

2）融合式整合模式

融合式组合模式是指将两个或多个学科的知识融合在一起，形成一个新的主题或课题。融合式整合模式颠覆了传统的知识结构，将不同学科的知识点重新组合和整合，旨在实现学科间的互补优势和灵活应用。在两个或多个学科之间具有密切的相关性，并且知识点能够相互促进的情况下，融合式整合模式能够协助学生更深入地理解和运用这些跨学科的知识。

3）主题式/问题解决式整合模式

主题式/问题解决式整合模式以特定的主题或问题为核心，将不同学科的知识进行整合。这种模式鼓励学生在具体的情境中综合运用多学科的知识点提高他们的问题解决能力。在这个过程中，学生不仅能够解决实际问题，还能加深对知识的理解和掌握。主题式或问题解决式整合模式通过将跨学科教学中的学科知识与现实世界中的具体问题相结合促进学科间的交叉融合，以提供更加综合和深入的学习体验。这种模式旨在培养学生的跨学科思维能力，并提升他们解决问题的能力。当不同学科的知识在某个应用领域中相互依赖、交叉应用，或者可以通过扩展一个主题来进行整合时，主题式或问题解决式整合模式便成了一个合适的选择。

4）项目式整合模式

项目式整合模式指的是教师在实施项目式教学时，通过跨学科的项目研究深度融合不同学科的知识。学生在项目实践中，常以任务为导向，在解决实际问题的过程中学习和掌握跨学科知识。这种模式强调通过实践活动来实现知识的整合和应用。项目式整合模式是一种教育方法，它鼓励学生在实际的项目中整合并应用各个学科的知识和技能解决现实世界中的问题。这种模式通过项目导向学习，使学生能够深刻理解不同学科如何在项目研究中相互协作和综合应用，从而培养他们的综合思维能力。当面临需要跨学科知识进行创造和创新的挑战时，或者当学科的理论框架需要与实证研究相结合，实践技能需要与学术知识相融合时，项目式整合模式就显得尤为适用。在采用这种模式时，教师需要根据学科间的相互关系和项目目标的需求，精心设计和实施项目，确保学生在项目化学习的过程中，不仅能够掌握涉及的多学科知识，而且能够培养他们运用这些知识跨学科解决问题的综合能力。

综合来看，项目式整合模式以及其他整合模式，都是根据不同学科间的联系和交叉点，提供了整合和应用学科知识的不同途径。在实际的跨学科教学实践中，教师需要根据具体情况，尤其是教学目标，结合学科特点、教学内容和学生的背景知识，综合考虑并选择最合适的整合模式。

7. 提供专业培训 支持教师发展

为了提升教师的专业发展，高校需要将协同创新纳入教师发展的核心环节，并制定相应的政策和评价体系，将教师在多学科人才培养中的表现与其职称晋升、绩效评价和薪酬直接关联，以此激发教师参与创新活动的热情。同时，高校应丰富教师培训的形式，包括组织多学科的师资培训、教学研讨，邀请国内外知名专家进行前沿讲座，以及派遣教师到国内外顶尖高校和科研机构进行学习和交流，而提高教师的学术视野和创新意识。此外，高校还需构建高水平的师资队伍，通过跨学科教师聘任和柔性引才策略，建立院士工作站和学科带头人工作室，形成一支结构优化、相互促进的教师队伍，推动交叉学科的建设和发展。此外，高校还需营造良好的教师发展环境，完善教师发展中心的功能，建设教师发展信息化平台，为教师提供跨学科交流合作的工作空间，包括在线培训和咨询服务，以促进教师的自主发展和专业成长。

高校要完善跨学科人才培养体系，为跨学科的发展培育高质量人才队伍。跨学科的发展成败在于学科带头人及其团队。学科带头人的学术水平决定着跨学科研究项目是否能够顺利开展。同时，学科带头人团队的整体学术水平也影响着跨学科的研究深度。当高校决定开展重大跨学科时，高校应该选择在传统学科上已经取得丰硕成果的专家作为跨学科学术带头人。接着高校再以该专家为核心组建研究团队。高校还需定期改革跨学科人才培养机制，为跨学科的不断发展提供后备优秀人才。

跨学科人才是跨学科知识整合的关键，建议建立完善的跨学科人才培养机制。在高校中应设立跨学科人才培养专项计划，支持和鼓励教师和学生参与跨学科研究。同时，可以通过引进国内外优秀的跨学科人才，提升高校的跨学科研究水平和教学质量。此外，建议建立跨学科人才评估和激励机制，对在跨学科研究和教育中表现突出的教师和学生进行表彰和奖励。

综上所述，跨学科整合创新是高校培养交叉学科人才不可或缺的选择和关键途径。高校应基于自身的学科优势，紧跟时代需求，从体制机制、平台建设和模式创新等多个角度出发，全面构建协同创新机制，推动人才培养与科技创新、经济社会发展的深度融合。同时，高校还需要注重消除学科壁垒，优化资源配置，创新合作模式，完善利益分配，强化教师发展，为跨学科整合创新营造良好的政策环境和创新生态。

跨学科研究的最终目标是服务社会和经济发展，建议推动高校与企业、科研机构的合作，促进产学研结合。通过合作研究、技术转移等方式，将跨学科研究成果转化为实际应用，推动地方经济的发展。同时，可以建立跨学科创新创业平台，支持和鼓励学生开展跨学科创新创业活动，提高学生的实践能力和创新能力。

跨学科整合创新应增强社会公众的参与意识，跨学科知识整合不仅是高校的任务，也需要社会各界的共同参与。建议通过媒体宣传、科普活动等形式，增强社会公众对跨学科知识整合的认识和理解，营造良好的社会氛围。同时，可以通过建立社区教育中心、举办跨学科知识讲座等方式，提高社会公众的跨学科科学素养和思维。

参考文献

[1] 洪帆. 利他主义:从社会生物学到社会科学 [J]. 医学与哲学,2005,6: 5-8.

[2] 张翼. 高校科研团队异质性对团队绩效的影响机理研究 [D],2020.

[3] CAI W W,SANKARAN G. Promoting Critical Thinking through an Interdisciplinary Study Abroad Program [J]. Journal of International Students,2015,1.

[4] 张德禄,秦双华. 马丁论跨学科性 [J]. 当代外语研究,2010,06: 13-6,27.

[5] 李江. “跨学科性 ”的概念框架与测度 [J]. 图书情报知识,2014,3: 87-93.

[6] 曾粤亮. 跨学科科研合作行为影响因素研究 [D],2019.

[7] 殷朝晖,刘子涵. “双一流”建设背景下交叉学科研究的非学术影响评价 [J]. 教育发展研究,2021,41(9): 21-8.

[8] 孙蓓蓓. 基于科学合作视角的交叉科学成果测度与影响评价研究 [D],2019.

[9] 野中郁次郎竹. 创造知识的企业 [M]. 知识产权出版社,2006.

[10] 吕亮雯,李炳超. 基于协同创新的公益类科研机构创新绩效评价指标体系构建与实证研究 [J]. 科技管理研究,2017,37(4): 50-4.

[11] 邱均平,温芳芳. 近五年来图书情报学研究热点与前沿的可视化分析——基于13 种高影响力外文源刊的计量研究 [J]. 中国图书馆学报,2011,37(2): 51-60.

[12] 李佳蕾,安培浚,肖仙桃. 学科交叉主题识别方法研究综述 [J]. 数据分析与知识发现,2023,7(4): 1-15.

[13] 王永斌,孔令会,徐宏霞. 历届高校人文社会科学优秀成果奖的计量分析 [J]. 科学研究,2012,30(9): 1309-1315.

[14] 雷文利,王晓贞,杨雪. 基于 GIS 的科技创新资源共享服务平台构建研究 [J]. 河南科技,2023,42(4): 146-150.

[15] 董君. 创业企业成长的战略管理研究 [D],2017.

[16] 梁志森. 基于校企合作专利的技术主题分析 [D],2019.

[17] 陆亦恺,石亮,张善杰. 基于社会网络分析的高校专利合作特征与案例研究 [J]. 现代情报,2015,35(8): 69-74.

[18] 曹原,杜建,李侗桐,等. “双一流”建设下我国高校跨学科研究发展的策略与实践——基于组织理论视角 [J]. 中国高校科技,2023,3: 26-33.